1

DAVID BRACHO

EL CAMINO DEL

FREELANCER

El Camino Al Éxito en pocos pasos

El camino del Freelancer

Autor: David Bracho.

Editor: Pedro Poletti.

Diseño de Portada: Lucas Trecarichi.

ISBN-13: 978-1508742944.

ISBN-10: 1508742944.

Dedicatoria

Carta del autor

En múltiples ocasiones siempre me pregunte de qué forma podría ganar dinero sin la necesidad de tener que ir a una oficina, a un negocio a trabajar, a un hospital, a un bufete de abogados u otros sitios en los que por lo general trabajan las personas. Desde muy temprana edad siempre observaba como mis padres debían trabajar forzosamente durante horas al día para llevar el pan de cada día al hogar. Mi madre, una profesora de secundaria que debía trabajar horas y horas para recibir un mísero sueldo de profesor que no le alcanzaba para casi nada, mi padre, dueño de un negocio, aunque yo en lugar de dueño lo llamaría auto-empleado, ya que sin él por un solo día se notaban las bajas increíbles que tenía el negocio en cuanto a ventas. A mis 11 años de edad me uní a trabajar con mi padre en su establecimiento, mi familia en ese momento trabajaba con medicamentos naturales hechos a base de plantas medicinales, por lo que me tuve que especializar aprendiéndome las funciones de múltiples plantas para diversas enfermedades, y a su vez, saber recomendarlas a los clientes para que ellos tratasen sus enfermedades, cosa que era bastante complicada para un niño de tan solo 11 años. Los años pasaron, cumplí 16, me gradué de secundaria y me mudé de ciudad para ingresar a la universidad, me esforcé bastante para entrar a una buena universidad y lo hice, pero en todo ese tiempo me quedé con una especie de vacío, un vacío el cual tendía a afectarme mucho, ese vacío era la falta de producir dinero, ya que al mudarme de ciudad ya no podía trabajar con mi padre, y al ser menor de edad no podía pedir un trabajo legalmente, por lo que empecé a investigar sobre distintas formas, aprendí bastantes cosas e inventé varios negocios, muchos de los cuales fracasaron, pero no me rendí, hasta que un día en el año 2014 me encontré con un vídeo en una famosa plataforma dónde recomendaban mucho el método de trabajo "*__Freelance__*", cosa que me llamó mucho la atención, pero para mí mala suerte en el momento, no daban casi información sobre esto, ya que era algo completamente desconocido en el momento. Minutos después entré a google y escribí: Freelancer, cuando vi todos los resultados quedé casi en shock, una cantidad de plataformas increíble, cosas que yo no sabían que existían. Pero al momento de buscar información sobre cómo empezar con el pie derecho e irse a la cima rápido en este trabajo desafortunadamente no encontré nada, quedando un poco desorientado en el momento, pero igualmente me lancé a esta gran aventura que lo único que ha hecho es traerme dinero, felicidad y conocimientos. Un año duré trabajando de esta manera, completando bastante proyectos en diversas plataformas y acumulando experiencia en varios temas, ya fuese por interés económico o por interés de aprendizaje, hasta que un día se me ocurrió buscar por internet sobre el tema y me di cuenta que la información seguía siendo casi nula en su totalidad. Gracias a ello tome la decisión de escribir sobre este tema, tanto para ayudar a todo aquel interesado en entrar a este mundo con todo y no llevarse tantos golpes inesperado, a como a todo aquel que posee ya algo de tiempo en este estilo de vida pero no le ha ido bien. Espero que disfrutes este libro leyéndolo tanto a como yo he disfrutado escribiéndolo, ¿y adivina qué?, he gozado una vida haciéndolo, así que ya sabes cómo vas a pasarla leyendo esta obra, la cual te aseguro que será de las inversiones más importantes que has hecho y harás en tu vida, porque gracias a esta guía no empezarás desorientado como yo lo hice, sino que tendrás y adquirirás toda la confianza para seguir adelante como un profesional *"Freelancer"*. Antes de empezar a leer si me gustaría pedirte un inmenso favor, y este favor es que me prometas que al terminar de leerte este libro lo guardarás, y lo leerás nuevamente en unos tres meses para retener todos los conocimientos que te facilitaré. Igualmente, me gustaría mucho que me prometas que este libro será de uso personal tuyo solamente y que no lo revenderás ni prestarás para apoyarme con mi esfuerzo al escribir esta obra. Me gustaría igualmente que escribas con bolígrafo negro o azul tu nombre en las líneas de abajo, esto es para que tu libro sea mucho más personal y todos sepan que eres el dueño del libro. Muchas gracias, empecemos.

Nombre y apellido

Prólogo

Hoy en día existe más de una forma de hacer dinero, sin importar nuestra edad, nuestra localización, nuestro origen étnico ni nada por el estilo. Algunas personas se inclinan por los trabajos de oficina, empleos en los que habitualmente hay un jefe que se pasa el día entero dando órdenes sin parar; otros por su parte eligen el camino del comercio y trabajan a destajo para obtener clientes que adquieran sus productos.

Existen también personas que simplemente han decidido dedicar su vida por completo a la familia, con lo cual pasan sus días en casa sin generar ingreso alguno. Desde ya que este modelo no es muy recomendable, porque la responsabilidad de mantener el hogar recae sobre un único miembro de la familia. Por lo general esta situación deriva en fracaso, ya que el encargado de conseguir el sustento se ve obligado a trabajar en exceso, incluso en más de un empleo para poder cubrir los gastos, y es allí cuando la armonía familiar se desmorona.

Están aquellos que se dedican a ser inversionistas y por tanto deben pasar horas y horas pendientes de los cambios que sucedan en las bolsas de valores. Ya sea que lo hagas desde tu casa o en las sedes de la Bolsa a nivel mundial, lo complicado de este negocio es que puedes perder toda tu inversión inicial en pocos segundos. Existen casos de personas que con apenas 100 dólares de inversión llegan a obtener 50 mil dólares de ganancia, pero luego los pierden en un abrir y cerrar de ojos. Es por ello que esta es una forma bastante riesgosa de ganarse la vida, no tanto porque corras peligro de morir durante el proceso, sino porque de la noche a la mañana puedes terminar junto a tu familia en la calle sin un solo centavo en tus bolsillos.

Muchos por su parte se involucran en el negocio del contrabando y el narcotráfico, vendiendo drogas, armas, alimentos, personas, o cualquier elemento ilegal que puedas imaginarte. Por supuesto que así logran reunir enormes sumas de dinero, pero en contrapartida ponen en riesgo su propia vida y la de toda su familia. Aquellos que se dedican a esta actividad suelen tener que huir constantemente de la ley y a la vez de otros grupos de contrabando y/o narcotráfico para salvaguardar sus vidas.

Asimismo, hay individuos que se dedican a los bienes raíces y se encargan de la compra y venta de propiedades, cobrando grandes sumas de dinero como comisión por cada venta realizada. El aspecto riesgoso de este negocio estriba en el hecho de que el mercado inmobiliario en algún momento puede bajar su valor o llegar incluso a estancarse; en estos casos, esos individuos se verán severamente afectados, ya que si no se dan las condiciones adecuadas para que la gente compre una propiedad, o peor aún, si no hay propiedades que vender, no hay ingreso posible para las familias que dependen de esta actividad.

Una modalidad de trabajo interesante es la de los denominados *sistemas multinivel*, cuyo objetivo es encontrar personas que se unan a su organización y promuevan su producto, generando así pequeñas comisiones por cada producto vendido y a la vez un volumen de ventas grupal. El problema radica en que este es un negocio muy absorbente en cuanto a la cantidad de tiempo que demanda, y esto, sumado a la abultada suma de dinero que se debe invertir al inicio, redunda en que quizá no llegas a ver los resultados de la forma que esperas. Es por ello que uno observa casos de individuos a quienes les va muy bien con este negocio, mientras que la mayor parte de la gente, entre quienes me incluyo, accedemos a libros de auto ayuda que recomiendan estas personas, recurrimos a best-sellers en el área de ayuda financiera o leemos cuanto manual hay, pero por alguna razón siempre terminamos conformándonos con las migajas de la gran torta elaborada por los más exitosos.

Por último tenemos a los profesionales de las distintas áreas, quienes se dedican principalmente a realizar actividades vinculadas con sus carreras. Muchos de ellos realizan invaluables aportes a la humanidad, ya sea a través de salvar vidas, inventar nuevos artilugios y adelantos tecnológicos, facilitar procesos, entre muchas otras cosas. Es notable observar cómo hay personas que se iniciaron de esta manera y ahora comandan compañías multimillonarias que producen el 50% de las riquezas a nivel mundial, teniendo como principal inversión su inteligencia. No obstante, el porcentaje de aquellos que llegan a la cima del éxito es ínfimo en comparación con la gran mayoría de profesionales de diversos campos que pasan toda su vida trabajando para un mismo jefe, por lo general fuera de su hogar, muchas horas diarias, y con salarios que suelen dar lástima.

Claro que existen también muchas otras formas de ganar dinero, pero como mi intención no es escribir una enciclopedia al respecto, te ofreceré un breve resumen de mi objetivo al escribir este libro, al que me he referido someramente en el primer párrafo de este prólogo. Quiero que entiendas algo: **el dinero está en el aire, lo único que debes saber es cómo aspirarlo desde tu billetera, y darte cuenta de que hasta lo más ridículo que se te ocurra puede ser un potencial negocio para ti.**

De hecho, algunas de las ideas más disparatadas que se hayan podido imaginar son ahora negocios que facturan miles de millones de dólares. Es por esta misma razón que debes saber que la solución está en tu pensamiento y en tu capacidad para transformar ideas pequeñas en negocios enormes. La cuestión es que para lograrlo primero tendrás que trabajar en unas cuantas ideas que ya tuvieron otros, pero no por un plazo de tiempo permanente, ni con el mismo jefe, ni en una oficina o cubículo las 24 horas del día, sino desde la comodidad de tu hogar, con tu computadora conectada a Internet, el conocimiento sobre algún tema específico, y sobre todo muchas ganas. En este libro conoceremos juntos de qué se trata este estilo de vida sobre el cual te estoy hablando, y así podremos aprender a desarrollarlo a niveles de excelencia, incluso sin la necesidad de usar Internet como medio.

Capítulo I

Todo lo que debes saber sobre un Freelance

Luego de la introducción, seguramente te habrás preguntado cuál es esa forma innovadora de obtener ganancias que no fue mencionada en los párrafos anteriores. Pues bien, se trata de una forma de trabajo que tuvo sus orígenes allá por el siglo XIX en la obra literaria *Ivanhoe* de Sir Walter Scott[1]. La palabra inicialmente se usó para referirse a los mercenarios, caballeros que no pertenecían a ningún reino y que hacían sus propios trabajos, no por honor ni gratitud, sino por dinero. El término al que nos estamos refiriendo es *freelance* (inglés) o independiente (en español).

Las personas que se consideran *freelancers* en la actualidad son aquellas que no poseen un contrato fijo, sino que pueden tener

---

[1] Scott, Sir Walter (1819) Ivanhoe. Reino Unido. Editorial A. Constable

uno, dos o más contratos simultáneamente que les generarán ingresos ya sea de alto nivel o de bajo nivel dependiendo de la complejidad del trabajo que se está realizando. Un trabajador *freelance* es aquel que no tiene un jefe ni una oficina propia ni un lugar físico al cual debe ir a trabajar todos los días; en cambio, sí debe tener el conocimiento y la actitud necesarios para introducirse en este negocio, ya que si bien a veces puede ser un trabajo muy alentador, en otras ocasiones puede ser realmente frustrante. Pero ya iremos analizando en detalle estas cuestiones más adelante.

Este peculiar modo de ganarse la vida se ha popularizado enormemente gracias al auge de la cultura digital. Internet sin dudas ha sido la herramienta de mayor expansión del trabajo *freelance* a nivel mundial, y tanto es así que en la actualidad existen plataformas online en las cuales se suscriben millones de *freelancers* y se otorgan alrededor de 3000 trabajos por hora, con un increíble movimiento de dinero. No obstante, esta expansión de la que hablamos se ha dado especialmente en potencias mundiales como Estados Unidos y China, mientras que en Latinoamérica, Europa, África, Oceanía y el resto de Asia, este método de trabajo casi ni se conoce.

Esto se debe primordialmente a que aquellos individuos que han logrado acceder a esta innovadora modalidad de trabajo la han mantenido en secreto con el fin de evitar la competencia, y así acaparar los trabajos disponibles. Sin embargo, y gracias a la gran abundancia de medios de comunicación que existen hoy día, hay cada vez más individuos que saben de qué se trata esto de ser *freelance*, e igualmente cada vez más empresas o individuos que pueden ver el gran trabajo que realizan aquéllos, con lo cual se espera que la demanda siga creciendo a nivel global.

Ahora bien, esta forma de ganar dinero no se limita únicamente a Internet: estamos hablando de que puedes ser un *freelance* a nivel local, en tu pueblo o ciudad, a nivel estatal, e inclusive a nivel nacional, dando a conocer tus trabajos y tus logros como un profesional de tu área. Lo que debes tener en cuenta en este último caso es que necesitas ser mayor de edad y ofrecer el servicio de facturas, ya que allí se trabaja con comercios, empresas, instituciones, gobierno, etc. los cuales obviamente necesitan tener un registro legal de todo lo que soliciten.

La ventaja que ofrece la Web es que allí puedes trabajar como *freelance* sin importar tu edad, lo único relevante es que hagas bien tu trabajo para lograr una gran reputación y así conseguir un mayor volumen de contratos.

Esta modalidad de trabajo es ideal para los estudiantes, quienes deben dedicar un tiempo importante a su aprendizaje, pero a la vez necesitan dinero para poder costear sus estudios y gastos en general. Cuando hablo de que es un trabajo perfecto me refiero a que no requiere estar metido el 100% del tiempo en una oficina o en un establecimiento trabajando, ya que este es un factor limitante para muchos universitarios que se ven obligados a trabajar en lugares de comida rápida unas cuantas horas para poder mantenerse, o rebajarse a estar en empleos arduos por salarios miserables.

Podemos afirmar entonces que ser un *freelance* **es perfecto porque tú mismo decides cuándo trabajar y recibes una paga justa por ello,** organizando tus horarios de estudio, ocio y descanso sin tener que sacrificar nada más. Y todo lo que necesitas es una computadora con conexión a Internet.

Lo interesante es que no son los estudiantes los únicos beneficiados por esta modalidad, ya que es también muy conveniente para las amas de casa, quienes pueden aprovechar por ejemplo el tiempo en el que sus hijos duermen una siesta para trabajar *online* o vía telefónica. Además, así aumentan los ingresos de su hogar significativamente y evitan que su pareja deba deslomarse trabajando, con lo cual se gana en armonía familiar.

Asimismo, esta modalidad es válida para personas que ya tengan un trabajo fijo y deseen obtener un ingreso extra trabajando desde su casa. Existen también empresas registradas en diversos países que contratan personas que son *freelance;* estas empresas encuentran los trabajos y los distribuyen entre los postulantes, tú realizas la tarea y ellos se quedan con el 25 o 30 por ciento de las ganancias. Puede parecer excesivo, pero lo cierto es que te facilitan mucho el proceso de lograr un contrato, lo que a veces parece ser cuestión de suerte.

Y al hablar de suerte no me refiero a que sea equivalente a ganarse una lotería, sino a que hay personas que publican trabajos muy buenos, pero por ello mismo abusan de su posición como clientes y transforman los trabajos en una especie de concurso al enviar mensajes a todos los interesados como si se tratase del mejor trabajo de la historia. El tema es que estos trabajos por lo general terminan sin hacerse, ya que es prácticamente imposible hallar individuos que encajen en el perfil solicitado.

Puede ocurrir que consigas trabajos por los que te paguen cantidades enormes de dinero pero que requieran demasiado tiempo o un conocimiento que casi nadie tenga, como por ejemplo programación de robótica avanzada, diseño de maquinarias industriales para empresas o diseño de plataformas bancarias, lo cual implica saberes muy técnicos. Como contrapartida, hay trabajos mucho más sencillos que se pueden aprender simplemente viendo videos por Internet, como por ejemplo redactar anuncios, hacer videos animados, crear páginas web, editar imágenes o idear publicidades, entre muchas otras especialidades que veremos en profundidad más adelante.

Si bien no se requiere un nivel de profesionalismo muy elevado para dedicarte a trabajar como *freelance,* sí debes tener una ética impecable, un lenguaje muy correcto a la hora de comunicarte con los clientes (evitar el uso de emoticones, malas palabras y errores de ortografía) y reflejar coherencia en tus propuestas, algo en lo que los clientes suelen fijarse particularmente. Este punto lo ampliaremos cuando se hable puntualmente de la ética del *freelance*.

Todos en algún momento de nuestra vida hemos trabajado con público, o al menos hemos visto a alguien hacerlo, por lo que sabemos que esto puede ser algo complicado. Piensa en lo siguiente: un *freelance* debe atender al público en forma constante, y en ocasiones éste puede ser un poco grosero y tener el ego muy alto (la famosa máxima que reza: "el cliente siempre tiene la razón") con lo cual no importa lo que tú digas ni el precio que tú ofertes, el cliente pagará lo que quiera.

Por suerte existe una amplia mayoría de personas muy decentes, que si desean un precio más bajo te lo hacen saber de la forma adecuada y son muy comunicativos y amigables, pero hay un porcentaje de clientes que son groseros desde el momento en que les contactas, o pretenden contratar únicamente al *top ten* de la plataforma, e incluso pueden llegar a insultarte. Esto es algo a lo que un *freelance* debe enfrentarse siempre con altura y respeto, ya que quizá puedas lograr transformar a ese irrespetuoso en un futuro cliente si sabes aplicar el buen humor en la dosis justa.

Concentrémonos ahora en el momento de tu "primera vez" como *freelance*. Supongamos que luego de varias propuestas has finalmente encontrado a tu primer cliente, quien ha decidido darte la oportunidad de tener tu primer trabajo. Debes saber que esto puede traer varias consecuencias: la primera, que el cliente se arriesga a recibir un mal trabajo ya que no posee referencia alguna sobre ti. La segunda es que hay clientes que se aprovechan de la situación y desaparecen para siempre una vez que has enviado el trabajo final. Al ser tú un primerizo en este ámbito, seguramente te sentirás frustrado e incluso querrás abandonar este camino, y te lo digo por experiencia propia. En esos momentos uno se siente realmente mal e incluso llega a tenerle rabia a esta forma de trabajo, pero tienes que tener muy en claro que no hay sendero fácil en esta vida, y pensar que este trabajo fallido será el inicio de muchos trabajos exitosos y bien pagos.

Siguiendo con el ejemplo anterior, enfoquémonos en tu primer trabajo, el cual has obtenido porque eres una persona que tiene conocimientos medios o altos del tema sobre el que trata el proyecto. Ahora tu siguiente paso es llevar a cabo la tarea que te han asignado en tiempo y forma, y en lo posible redondear un trabajo de calidad. Posiblemente te suceda lo mismo que a mí, que estuve horas y horas husmeando en foros y viendo videos en Internet acerca de cómo hacer estos trabajos; ten en cuenta que esto no es en absoluto tiempo perdido, porque te enseñará a hacer muchísimas cosas, y sobre todo podrás culminar tu primer trabajo. Así podrás tener una experiencia acumulada en tu historial, la cual te servirá como portafolios para trabajos a futuro.

Estos consejos que te estoy brindando son básicos para todo aquel que se quiera dedicar a ser un *freelance*, en especial el saber cómo puede llegar a ser la primera experiencia y cuáles son sus riesgos. En los siguientes capítulos analizaremos el proceso inicial por el que debe pasar todo aspirante a trabajar en esta modalidad, así como la actitud personal imprescindible para saber si puedes realmente ser un *freelance* o no.

Algo que debes tener muy en cuenta y que de seguro te reconfortará saber es lo siguiente: el proyecto más difícil de obtener es el primero, y una vez que ya lo hayas encontrado luego vendrán el segundo, el tercero y así sucesivamente, hasta que un buen día verás que posees una cantidad infinita de proyectos hechos y a su vez (y esto es lo mejor de todo) de dinero acumulado en tu cuenta.

Con respecto a esto último, existen numerosas maneras de almacenar tus ingresos. Si decides trabajar vía Web te puedo aconsejar sobre distintos métodos para obtenerlos, las cuales podrás conseguir escribiendo a mis direcciones de contacto, que te proporcionaré más adelante. Siguiendo estos métodos podrás cobrar todo lo que quieras y registrarlo en tus cuentas de forma ilimitada, y lo más importante es que podrás invertirlo en lo que más te plazca. Este es tan solo el comienzo de un gran viaje de auto-descubrimiento, por lo cual con el correr de los capítulos descubrirás todas las opciones que se te presentan y entenderás cómo por medio de acciones muy simples se pueden amasar fortunas incalculables.

Capítulo II

¡Comienza la "cacería" de trabajos!

Algo que todo *freelance* que se precie de serlo, o aquellas personas interesadas en este medio de vida deben saber es que es prácticamente imposible que los trabajos nos caigan del cielo como por arte de magia; por el contrario, y en especial en el comienzo, tendrás que invertir tiempo y esfuerzo para lograr una cierta reputación dentro del medio.

Queda claro entonces que encontrar trabajo como *freelance* es un proceso bastante tedioso, pero a la vez es lo que le otorga ese toque de genialidad a este trabajo, porque te ves obligado a entregar una propuesta que te aseguro no será la única; esto implica que el cliente deberá analizar cada propuesta en detalle, estudiar los perfiles de cada uno de los ofertantes, y finalmente, ya sea por fama, calidad o precio, elegirán a la persona que consideren la adecuada para ese proyecto.

En ese proceso de selección el cliente por lo general tiende a buscar no tanto la calidad más alta sino el precio más bajo, ya que al igual que en cualquier otro rubro la relación costo-beneficio es clave a la hora de tomar decisiones. No obstante, mi recomendación es que no menosprecies tu tiempo realizando la oferta más baja posible. El cliente, como es de imaginarse, observará en primer lugar las propuestas más económicas y en caso que le interese alguna en específico se pondrá en contacto con el profesional para ampliar detalles.

Ahora bien, si no le convence del todo pasará luego a las propuestas intermedias y de gustarle alguna se contactará a su vez con quien le hizo la oferta y así sucesivamente hasta encontrar a la persona que considere correcta. Claro que este circuito puede variar dependiendo de la plataforma; por ejemplo, si has elegido **Workana** debes enviar un presupuesto personal que se adapte preferentemente al monto que el cliente esté dispuesto a pagar, por lo que en este caso puntual el precio es cien por ciento discutible.

En **Elance-oDesk**, al igual que en **Workana** podrás enviar tu propio precio al cliente, pero de todos modos te recomiendo que te ajustes al presupuesto de él, ya que si realizas una oferta excesiva no querrá pagarte, y si no llegas ni siquiera al precio mínimo tampoco te contratará porque desconfiará de tus aptitudes.

Llegado a este punto es probable que te sientas algo descorazonado y pienses que se te hará cuesta arriba conseguir empleo como *freelance;* pero no te preocupes, porque absolutamente todas las personas tienen grandes posibilidades de tener éxito en la búsqueda gracias a que, por un lado hay mucha demanda de este tipo de trabajo, y por el otro hay muchos clientes queriendo contratar servicios de profesionales a cada momento. De hecho, en cualquiera de las diversas plataformas la expectativa de que puedas conseguir el tan ansiado contrato es superior al 60%.

Eso sí, para aspirar a hacerte una carrera dentro de estos sitios especializados hay una serie de requisitos que debes cumplir, ya que como es lógico suponer un empleador no contratará a nadie sin comprobar que ese individuo realmente sabe hacer lo que se pide en el proyecto de trabajo. Por lo tanto, a la hora de evaluar tu *performance* te pedirá trabajos previos, Currículum Vitae, etc.

Es cierto que en muchas ocasiones te puedes sentir tentado a mentir o exagerar determinados aspectos de tu trayectoria laboral, como lo suelen hacer la amplia mayoría de los postulantes a un empleo; pero yo personalmente te aconsejo que no cedas a esa tentación porque te ocasionará grandes problemas con tus clientes, eliminando por completo las probabilidades de ser contratado en el futuro y manchando tu reputación hasta el punto de poder ser expulsado de la plataforma.

Resumiendo, no mientas en lo más mínimo en cuanto a tu experiencia, ya que ésta será indispensable para obtener un trabajo. Y es aquí donde deberás apegarte a los requisitos que mencionaba más arriba, que son los siguientes:

Primer requisito: sé sincero con tu cliente

La sinceridad es sin dudas el valor más importante que puede existir en una relación de negocios, ya que es sobre ella que se asienta cualquier trabajo. Tú, al ofrecerle a un cliente tus servicios, debes evitar incluir en tu propuesta cualquier clase de mentira porque estarías cerrando automáticamente tu puerta de acceso a ese potencial empleo.

Imagínate que realizas una propuesta excelente que genera en tu cliente una expectativa muy concreta sobre lo que puedes ofrecer, pero al momento de entregar el trabajo terminado éste no se acerca ni al 5% de lo que el cliente deseaba; desde ya que esto le provocará una gran molestia, y quizá te pague de todas formas, pero puede suceder que directamente te rechace, elimine el proyecto y busque a otro profesional en tu lugar. Lo peor del caso es que tu historial quedará manchado, con lo cual los otros clientes se abstendrán de contratarte en un futuro, y no creo que sea esto lo que deseas, ¿no es así?.

Por todo ello es que te recomiendo ser muy sincero a la hora de hablar de tus habilidades, ya que así lograrás una gran marca de impacto en tus clientes actuales y futuros, y los trabajos llegarán a ti con gran facilidad.

Segundo requisito: sé educado con el cliente

A todos nos encanta ser tratados de forma cortés y amable, en especial cuando vamos a pagar por un servicio, ¿verdad?. No creo que disfrutes de entrar a una tienda a comprar algún artículo y que la persona que te atienda te trate mal, use malas palabras, o se dirija a ti con actitud grosera o con un lenguaje que choque contigo.

Ubícate por un instante en esa situación y reflexiona: ¿le comprarías algo a esa persona que te ha tratado mal?; estoy seguro de que la respuesta automática en tu mente ha sido "No", porque como seres humanos que somos siempre buscamos sentir placer, y por ende tendemos a huir de situaciones que nos puedan resultar incómodas.

Entonces, ponte en el lugar del vendedor que está tratándote mal e imagínate cuánto venderá teniendo ese talante; supongo que habrás deducido que su desempeño ha sido muy pobre. Pues bien, si trasladamos este ejemplo al trabajo de un **freelance**, sucede exactamente lo mismo: si tratas mal a tu cliente, él simplemente huirá y le dará la chance a otra persona que sea mucho más educada. Intenta por tanto ser *esa* persona.

Tercer requisito: evita el "copia y pega"

Continuando un poco con el ejemplo del párrafo anterior, podemos afirmar que a todos nosotros nos fascina que nos atiendan de forma personalizada cuando nos dirigimos a una tienda. Pero explicitemos este concepto de una forma más visual. Imagínate entonces que estás sentado en un banco en una gran convención y eres uno entre más de diez mil personas; evidentemente eres invisible desde lejos debido a la gran cantidad de personas que se encuentran en ese lugar. De repente, una persona sube al podio y comienza una alocución diciendo: "Estimados y estimadas señores y señoras, bienvenidos a la reunión anual de lectores orgullosos". Tú escucharás el discurso como algo normal, sin tomarlo como una novedad. Pero imagínate ahora en cambio que estás entre las diez mil personas, y el presentador al subir al podio en lugar de referirse a todos los concurrentes te nombra sólo a ti… ¿cómo te sentirías en ese preciso momento? Supongo que emocionado, ¿verdad?. Porque esa persona captaría de esa manera tu atención absoluta, ¿no es así?.

Ahora volvamos a lo que nos compete en este libro, y veremos que el proceso es exactamente igual; quiero decir, si tú envías la misma presentación en forma de texto copiado y pegado para todos los proyectos, lo más seguro es que no obtengas muchos contratos, ya que tu discurso parecerá algo genérico y no llamará en absoluto la atención del cliente. Por el contrario, si te tomas el tiempo necesario para escribir una propuesta bien detallada a tu cliente en la cual se mencionen las posibles soluciones a su problema específico y un plus de información, notarás que aquél se dirigirá a ti con total amabilidad y confianza, te explicará en concreto lo que necesita, y lo más importante, acabará contratándote.

Cuarto requisito: crea un buen "portafolio"

Apoya suavemente la mano sobre tu corazón y dime con absoluta sinceridad: ¿contratarías a una persona para algo que te parece realmente importante sin pedirle primero su experiencia previa? Pues no, ¿verdad?. Bueno, te aseguro que nadie en el ámbito del trabajo *freelance* (en realidad en ningún ámbito laboral) lo hace, porque si van a contratar los servicios de un profesional deben cerciorarse de que esa persona sabe lo que está haciendo, y cuenta con la experiencia suficiente para afrontar la tarea.

Es por ello que tu "portafolio" es clave para lograr el trabajo que deseas. No debe ser muy extenso, incluso en muchas ocasiones bastará con una sola experiencia, si ésta es lo suficientemente buena. Así convencerás a todos de la calidad de tu trabajo, y pues con cada nuevo proyecto que vayas obteniendo tu "portafolio" irá creciendo.

Mi consejo es que si estás buscando tu primer trabajo como *freelance*, antes de ofrecerte a cualquier cliente realices por tu cuenta algún proyecto que te permita hacerte de la tan mentada experiencia previa; supongamos por caso que te estás postulando para un trabajo como diseñador y no tienes ni un solo dibujo con el cual demostrar tus habilidades...¿qué crees que hará el cliente? ¿contratarte, o buscar a un profesional que sí tenga "portafolio"?. Creo que la respuesta es más que evidente.

Quinto requisito: coloca una foto de perfil impecable

Es bien sabido que la imagen de un profesional debe ser impecable, porque eso es lo que hace que pueda venderse, así como sucede con la portada de un libro, la etiqueta de un producto o la presencia de un corredor de seguros.

En los últimos tiempo ha proliferado en gran medida la tendencia a las denominadas *selfies* o "autofotos", y hoy en día es algo natural observar a una persona o un grupo de personas tomarse este tipo de fotos en cualquier ámbito, ya sea en su hogar, en la calle, en el trabajo o en la playa, por citar sólo algunos sitios. Por supuesto que no todas las imágenes son iguales, y así como existen algunas que son realmente una obra de arte, otras son de lo más vulgares o poseen contenido pornográfico.

En este punto debo hacerte una pregunta, y quiero que pienses cuidadosamente la respuesta: tú, en el rol de cliente, ¿contratarías a una persona que tenga como imagen de perfil una foto suya en traje de baño o en ropa interior?. Estoy plenamente seguro de que tu respuesta ha sido un rotundo "No". Ahora hagamos el ejercicio inverso, para lo que te pido que te coloques en el lugar de esa persona: ¿crees que si esa fuera tu propia imagen de perfil serías contratado?. Pues yo creo que ni se te cruzaría por la cabeza.

Por este motivo, te recomiendo que si vas a tomarte una "autofoto", asegúrate de vestirte con ropa bien presentable, de que se vea nítidamente tu rostro, y que éste refleje o bien una sonrisa o un gesto que denote profesionalismo, a diferencia de la que podría ser tu foto de perfil en Facebook o en cualquier otra red social.

En conclusión, recuerda siempre que tu foto debe ser pulcra y profesional, por lo cual evita las imágenes de paisajes, logotipos, u otros elementos impersonales, para que el cliente sepa al menos cómo es el rostro de la persona a quien está contratando.

Sexto requisito: ten al menos una especialización certificada

Supongamos que tú, como aspirante a trabajador *freelance*, posees un nivel de manejo de un idioma extranjero que es excelente, y has hecho unas traducciones increíbles que son incluso mejores que las que podría hacer un nativo del idioma, pero no posees ninguna certificación; en ese caso, el cliente observará a alguien que sí la tiene y decidirá contratar a esa otra persona, a pesar de tú sabes que eres mejor traductor que él o ella. Esto te resultará sumamente frustrante, pero en lugar de enojarte reflexiona un segundo: si eres tan bueno, ¿por qué no has pensado en certificarte?.

Toma en cuenta que todas las plataformas de trabajo *freelance* que existen a nivel mundial ofrecen opciones de certificación, algunas de ellas gratuitas (como es el caso de **Workana**) y otras pagas. Presta atención y verás que muchos clientes piden con carácter de obligatoriedad que poseas certificación en tal o cual conocimiento porque esto les da mucha mayor confianza al momento de elegir a un profesional para su proyecto; y si nos ponemos a analizar, esto tiene mucho sentido, ya que aquel que ha logrado pasar el examen para obtener determinado saber es indudablemente alguien que como mínimo posee un amplia noción de lo que se requiere.

Y ten presente que obtener la tan ansiada certificación no es en absoluto inalcanzable: lo único que tienes que hacer es responder correctamente a las preguntas que te hagan y así lograrás tu objetivo.

Séptimo requisito: presta mucha atención a la comunicación con tu cliente

Cada vez que nosotros como clientes solicitamos un producto o servicio nos gusta ser atendidos con la mayor rapidez posible, porque de lo contrario nuestro interés por adquirirlo cae en picada. Es por ello que a la hora de entablar una comunicación con tu cliente, debes tener en claro que ésta debe ser siempre muy fluida, y la velocidad de respuesta promedio no tendría que ser superior a una hora desde que recibes un mensaje, ya que si pasa de este tiempo, es probable que alguien más se contacte con tu cliente y te lo "robe".

Octavo requisito: sé paciente

Es previsible, y te lo digo por experiencia propia, que cuando te hallas en la situación de esperar por ese "Sí" tan anhelado a una propuesta que hiciste para un trabajo de diez mil dólares de presupuesto te sientas realmente agotado. Sin embargo, no te olvides de que el cliente debe escoger muy cuidadosamente a la persona que hará ese trabajo, por todas las razones que ya hemos mencionado anteriormente.

Imagínate que le has enviado tu propuesta a un cliente, y éste te responde: "Mira, necesito por favor que me des un plazo de dos días y te daré una respuesta". Desde ya que en ese preciso momento sufrirás una suerte de shock temporal, en el cual un minuto te parecerá una hora, y no dejarás de pensar ni un momento en esa respuesta, porque enseguida se te vendrán a la mente las imágenes del nuevo automóvil que podrás adquirir o de cómo quedará equipada tu casa, o del viaje con el que siempre soñaste y que ahora puede ser realidad gracias a ese proyecto.

En ese estado es muy factible que te surja la tentación de escribirle a tu cliente cada cinco minutos, pero por nada del mundo lo hagas, porque sería muy poco profesional de tu parte. Si ha pasado un día desde que enviaste tu propuesta, estoy más que seguro que estarás desde las doce de la noche del día siguiente pegado a tu correo electrónico al acecho de la respuesta. Allí es justamente cuando debes estar tranquilo y saber que en algún momento del día el tan ansiado mensaje llegará.

Ahora bien, cuando eso suceda, también tendrás que estar preparado para los diferentes escenarios que pueden presentarse; uno de ellos sería que el cliente te manifieste que se ha interesado en tu proyecto y entonces tendrás un trabajo con una paga muy buena, en otro podría darte a entender que necesita una mejora en tu propuesta, y por último en el peor de los escenarios te dirá que no acepta tu presupuesto y que contratará los servicios de otro profesional. En esa circunstancia, ante todo mantén la calma y agradécele de todas formas por su atención, ya que al menos tuvo la decencia de contestarte, cuando tranquilamente podría no haberlo hecho.

Por supuesto que si el cliente no te responde tras unos días de haberse cumplido el plazo establecido, simplemente olvídalo y concentra toda tu atención en conseguir otro proyecto. Recuerda que somos profesionales, con lo cual no podemos darnos por vencidos así sin más, sino que por el contrario debemos seguir buscando ese proyecto ideal por el cual nos darán la paga que queremos.

Noveno requisito: valora tu tiempo

Como ya hemos visto en otros apartados, el cliente siempre buscará la forma de encontrar el precio más económico, por lo que no te sorprendas si te pide que rebajes tu presupuesto a un monto que a él le parezca conveniente. Esto se puede dar por dos motivos: en primer lugar, puede ocurrir que realmente cuente con un presupuesto limitado que no le permita pagar por encima de cierto monto; en segundo lugar, y esto sucede muy a menudo, puede estar intentando hacerse el listo y exprimir al profesional por un precio que es indigno para el trabajo que se requiere.

No importa cuál sea el caso, si tú has enviado un determinado presupuesto es porque has calculado previamente el tiempo que te demandará cumplir con el trabajo y lo has vinculado con el valor de tu hora, por lo tanto lo que debes hacer es explicarle al cliente por qué pretendes cobrar ese precio y no otro. Para que quede bien claro: si tú de verdad crees que ése es el precio justo, no lo bajes por nada de este mundo. Más adelante te enseñaré cómo calcular tu precio dependiendo del tiempo que te tome finalizar el trabajo.

Décimo requisito: ten una cuenta bancaria donde puedas guardar tus ganancias

Por lo general, en casi todas las plataformas te piden que registres una cuenta en la cual ubicarás tus ganancias. Esto es fundamental, ya que no podrás disponer de tus pagos si no posees alguna cuenta bancaria internacional. Si trabajas en cambio a nivel local, puedes retirar tus pagos a través de una cuenta en divisas regional.

Además de estos diez requisitos, que si los aplicas te abrirán las puertas del éxito como *freelance*, quisiera ofrecerte algunos consejos muy útiles que te resultarán indispensables para una mejor "cacería":

1) Tómate un tiempo para revisar los trabajos disponibles

Necesitarás disponer de un tiempo libre para poder lanzarte a la "cacería", ya que por lo general, escribir una buena propuesta requiere como mínimo de unos cinco minutos, y seguramente querrás presentar más de una por semana si deseas obtener un trabajo en un corto plazo de tiempo.

De acuerdo con mi experiencia personal, te propongo que te traces una meta de un mínimo de **cuatro** propuestas diarias que estén escritas con la mayor calidad posible, más allá de que luego sean aceptadas o no. Para alcanzar este objetivo te bastará con dedicarte no más de media hora cada día, y te aseguro que podrás lograr resultados ampliamente satisfactorios.

2) Aprende a escribir una buena propuesta

Si bien la he mencionado constantemente a lo largo del texto, aún no te he explicado claramente las cualidades de una buena propuesta. En primer lugar, no puedes dejar de incluir en ella una explicación breve para tu cliente de qué es lo que tú puedes aportarle como solución a su problema; allí debe constar en forma concisa pero llana el tiempo que te llevará cumplir con el trabajo, tus aptitudes personales incluyendo el "portafolio" o currículo, y por supuesto el precio que consideres justo para el servicio que ofreces.

Esto es algo vital y que sí o sí tendrás que aprender si quieres destacarte dentro del universo de los *freelance*, ya que **la propuesta es tu puerta de acceso al trabajo, y con esto, al éxito**. Por esto mismo debe estar bien documentada, con información que te respalde a la hora de demostrarle al cliente el dominio que tienes del tema en cuestión. De más está decirte que debes tener un gran cuidado con tu ortografía y con la coherencia de tu texto, ya que una propuesta que no se entiende bien, desde ya no será tomada en cuenta por falta de profesionalismo. Tampoco se trata de que utilices un lenguaje arduo y sofisticado, sino de que con palabras de uso común puedas comunicar de forma sencilla tu mensaje.

Con esto no pretendo tampoco que te transformes en un robot que escribe únicamente propuestas técnicas al cien por cien, pero sí recuerda que siempre habrá un equilibrio entre lo profesional y lo no profesional, por lo que te recomiendo permanecer siempre dentro de ese punto de equilibrio. Para ello, evita el exceso de confianza, las muletillas y las palabras poco adecuadas, y lo más importante, no te refieras a otras personas de mala gana. A fin de que puedas incorporar plenamente estos conceptos, voy a mostrarte dos ejemplos bien diferentes de cómo presentar una propuesta de trabajo, y me gustaría que tú decidas con cuál de las dos te quedarías si fueras el cliente. Ahí van entonces:

Necesito Programador PHP con experiencia para crear un negocio electrónico. Presupuesto: 500-1000.

Estoy en la búsqueda de un programador PHP para que lleve a cabo un proyecto que tengo pensado, necesito que se integre un sistema de pagos propio dónde se verifique la tarjeta de crédito o débito, de manera tal que yo me entere nada más cuando los pedidos se deban despachar y no pierda mi tiempo intentando hacer que las tarjetas pasen o no pasen. Mi deseo es que sea autoadministrable, de manera tal que yo tan sólo ponga la fotografía y seleccione la categoría en la que quiero que aparezca mi producto para poderlo publicar. Igualmente pretendo un diseño bastante original y profesional para que los clientes se vean tentados a comprar apenas vean la página. Cualquier detalle, no teman consultar. Espero sus propuestas.

Tiempo Requerido: A tiempo parcial

Habilidades: PHP, HTML, CSS3, JavaScript

Profesionales interesados: 2

Pedro Pérez:

Muy buenas tardes señor contratador aquí presente, mi nombre es pedro, pero puede llamarme pedrito, soy un pana de estos que usted necesita, puedo hacerle este trabajo muy calidad, si le gusto lo que le ofrecí hágamelo saber papá, chao.

Mateo Santander:

Muy buen día. Primero que nada quiero ofrecerle un grato saludo y abrazo de mi parte, mi nombre es Mateo Santander, soy programador experto en el área de PHP y poseo más de 5 años de experiencia. Aquí le dejo mi portafolio para que lo pueda observar, considero que puedo ofrecerle diversas ideas para este proyecto que usted está solicitando. En principio cuento con una idea inicial, la cual he anexado en el archivo adjunto con el nombre "idea.docx". Le pido por favor que la evalúe con detenimiento, ya que si le gusta podría lograrse una página con más éxito que Amazon. Muchas gracias por su atención, estamos en contacto.

Estos ejemplos demuestran de manera elocuente la importancia de presentar una propuesta completa y con lenguaje pulcro. Recuerda que si no aplicas la profesionalidad a la hora de escribir lo mejor que puedes conseguir es que no te contraten, y lo peor es hacer que te reporten o incluso que te expulsen de la plataforma por tiempo indefinido.

En cambio, utilizando el lenguaje adecuado podrás encontrar una gran cantidad de trabajos que serán vitales para el desarrollo de tu actividad profesional. Claro que no basta con hacer algunos simples comentarios para destacarte del resto, y es por esta misma razón que te ofrezco un listado con los elementos fundamentales que debe tener una buena propuesta para lograr impacto en tus clientes.

3) Aplica tu capacidad de síntesis

En la propuesta que elabores tendrás que describir tus habilidades_y tu experiencia para cubrir la posición. La idea por lo tanto no es que copies y pegues la información de tu perfil, sino que hagas un breve resumen de tus capacidades y tu *background* que resulten pertinentes para esa oportunidad laboral. Siempre destaca lo que más aporte al tema concreto, así el cliente podrá tener un pantallazo general de tu experiencia y talento en ese área en particular.

4) Adapta tu propuesta a la búsqueda

Si bien seguramente tendrás un texto base con una determinada estructura y contenido, es importante que adaptes tu propuesta para cada búsqueda en particular. ¿Por qué? Porque para uno u otro caso necesitarás destacar diferentes habilidades o talentos, complementarlos con cierta información u obviar otra que no sea pertinente.

5) Sé claro y consistente

El texto en sí debe poder transmitir claramente cuál es tu aporte a esa necesidad que el cliente está buscando cubrir, y especificar por qué debería elegirte a ti y no a otro profesional. Ahora bien, ten mucho cuidado con esto: **NO** lo hagas explícitamente (por ejemplo, "Considero que usted me debe elegir porque…" ¡jamás!) sino deja que se derive implícitamente de tu propia escritura. Debes poder plasmar en palabras, de un modo concreto y profesional, qué te diferencia del resto y por qué te deberían seleccionar.

6) Demuestra tu disponibilidad e interés

Te aseguro que el cliente quiere a su lado colaboradores que sientan pasión y compromiso por lo que hacen. Entonces, tu propuesta debe reflejarlo. ¿Por qué quieres ese trabajo?, ¿cómo puede ser clave tu contratación?. ¡Saca provecho de la propuesta para transmitirlo!. También hazle saber que estás a su disposición para ampliar las informaciones que él así requiera.

7) Aprovecha la oportunidad para venderte

El estilo que adoptes es una cuestión muy personal. Hay quienes inclusive utilizan algunos recursos publicitarios para persuadir. De todas formas, no recargues tu propuesta con adjetivaciones; intenta mantener un estilo neutro y objetivo, pero a la vez contundente y que convenza.

8) Responde las preguntas de tu cliente

Puede ocurrir que el cliente te solicite información complementaria sobre tu experiencia, aspiraciones, o consideraciones especiales sobre un determinado tema. En ese caso, no puedes olvidar incluir en tu propuesta cada uno de esos puntos, de forma sintética pero completa. Muchos clientes descartan directamente las propuestas que no se ajustan a sus requerimientos de información. ¡Tenlo en cuenta!.

Estoy convencido, y espero que tú también lo estés, de que si sigues los consejos que he desarrollado anteriormente encontrarás tu primer trabajo como *freelance*. No está de más recordarte lo vital que es hacer un trabajo de gran calidad cuando lo consigas, ya que esto te ayudará a ir construyendo tu "fama". Como he afirmado en párrafos anteriores, en todas las plataformas que existen actualmente para los *freelance* la reputación es sin duda uno de sus aspectos más importantes, porque te permite escalar posiciones dentro del *ranking* de los mejores trabajadores.

No olvides que en esa suerte de jungla virtual tú estás a la caza de proyectos al igual que muchos otros profesionales, por lo que cada cliente recibirá una gran cantidad de propuestas aparte de la tuya. Por esta misma razón quisiera recalcar que es imprescindible que tu desempeño sea el mejor posible en todos los proyectos que hagas, ya que mientras mejor reputación tengas, más te recomendarán y menos dudará un cliente en contratarte.

Al igual que en muchos otros ámbitos laborales, en el mundo *freelance* nos encontramos con profesionales que acreditan varios años de experiencia en diversas plataformas, por lo que logran situarse fácilmente en los primeros puestos del *ranking*. Estos individuos por lo general no tienen que enviar propuestas, sino que por el contrario, los clientes los buscan a ellos directamente para ofrecerles trabajo.

Aunque te parezca sorprendente, esos profesionales a veces deben rechazar trabajos debido a que tienen ya tantos proyectos en proceso de elaboración que no tienen tiempo para otro más. En ocasiones (a mí me ha pasado), tienes el contrato ya a la palma de tu mano, el cliente ya te ha dicho que te va a contratar, se han puesto de acuerdo acerca de cómo van a trabajar y demás… y es entonces cuando pero surge uno de los primeros en el ranking de la plataforma y te arranca tu oportunidad de las manos, llevándose el trabajo que deseabas en cuestión de cinco minutos. Cuando esto sucede, lo más lógico es que nos desanimemos, molestemos o entristezcamos, pero ten siempre presente que un *freelance* debe ser alguien con una actitud profesional, por lo que no te quedará otra alternativa que continuar con tu "cacería".

Además ya te he dicho que en el comienzo te costará encontrar trabajos, y esto es algo más que natural tanto en este medio como en cualquier otro; pero ten fe de que el *ranking* con el tiempo te ayudará y empezarás a ver las recompensas al esfuerzo invertido. Lo único que debes hacer es comprometerte a no rendirte en el proceso sin importar cuántos trabajos te nieguen, porque recuerda que no estás solo en el universo *freelance*, sino que estás rodeado de muchos otros profesionales que también tienen derecho a ganarse la vida de esta manera.

Para concluir con la explicación del proceso de "cacería" de propuestas, haré referencia al momento en el que tú, una vez que tu cliente se ha interesado en tu propuesta, debes entablar una comunicación directa con él. Desde ya que pueden presentarse situaciones en las que el sentimentalismo o algunas palabras inconvenientes logren alterar por completo al cliente o a ti, pero ante todo debes saber que el proceso de negociación puede ser increíblemente largo, incluso de dos o tres semanas en las que se dan diversos intercambios de ideas.

Con el fin de que ese proceso tenga un final exitoso para ambas partes, siempre deberás tener muy en cuenta el control del *Sí* y del *No*, ya que podrías en ocasiones malinterpretar lo que el cliente quiere decir y terminar molesto cuando en realidad te está pasando algo bueno, o feliz aunque te hayan dicho que no les interesa en lo más mínimo tu oferta.

Seguramente en algún momento de tu vida habrás tenido que participar en algún proceso de negociación, por lo que no debería resultarte tan difícil entender lo que estoy por explicarte. Esto se aplica desde el preciso momento de acordar el precio con el cliente, si el pago será en cuotas o al final del trabajo, cómo será la entrega del trabajo o cuál deberá ser tu disponibilidad para realizar la tarea.

Es muy importante que cuando estés negociando para llegar a un consenso en esos puntos no verbalices tus pensamientos al pie de la letra, ya que esto te puede generar trastornos de toda clase. Si por ejemplo crees que tu cliente está siendo injusto contigo o que está abusando de tu tiempo, no se lo digas de forma grosera (por más que eso sea lo primero que se te cruce por la mente), y en cambio explícale con total cortesía y respeto que ya no estás interesado en el proyecto y que le agradeces de todas formas por su atención. De esta manera el cliente no se molestará en absoluto y simplemente buscará a otra persona; pero si expresas exactamente lo que piensas, puede que termines con algún reporte por maleducado. Las palabras que uses para dar a conocer tu pensamiento deben tener un sentido, un orden y una intención específicos, como si formaran parte de una estrategia de ventas.

Otra cuestión a la que debes prestar especial atención para lograr un acuerdo mutuo con tu cliente, es tener muy en cuenta sus expectativas y necesidades. Para ello, analiza detalladamente sus explicaciones y argumentos e intenta hallar posibles puntos de convergencia con los tuyos con el fin de generar una relación de negocios en la cual se puedan establecer lazos de confianza.

Asimismo es menester que poseas la capacidad de poder ubicarte en su lugar y entender por qué tiene determinados pensamientos, e imaginarte igualmente si te contratarías a ti mismo con tu experiencia actual. Sin duda, esto será clave para mejorar la comunicación y el entendimiento mutuo y poder llegar así a un acuerdo final.

Por supuesto que en una negociación no todo es blanco o negro, también puede haber grises. Si por ejemplo el diálogo está atascado y no parece haber posibilidad de destrabarlo, prueba con proponer alternativas, puntos intermedios entre una postura y otra que se ajusten a los gustos de ambos. Allí deberá entrar en juego tu creatividad, flexibilidad y capacidad de adaptación al cliente. Recuerda que tu objetivo máximo es siempre lograr una situación de "ganar-ganar", por lo que debes estar dispuesto a hacer concesiones toda vez que sea necesario.

Tampoco te olvides de ser en todo momento un profesional, y como tal preocúpate no solamente por tu bienestar, sino también por el bienestar de tu cliente, ya que dependes de él para este negocio. Por eso te recomiendo fehacientemente que no mezcles tus emociones con el trabajo, y si estás enojado, estresado, te sientes inseguro, tienes miedo o problemas en casa, asegúrate de no involucrarlo en tus sentimientos.

Igualmente recuerda que tus ideas no siempre son las únicas correctas, y no te creas el dueño de la verdad, porque esto puede derivar en discusiones terribles con los clientes que te dejen muy mal parado como profesional. Debes saber razonar junto con la otra parte para llegar a un acuerdo provechoso para ambos.

Como mencionaba anteriormente, debes tener siempre bien claras las expectativas y necesidades de tu cliente, para lo cual te será muy útil tomar en cuenta una serie de aspectos que no desarrollaré en profundidad aquí, porque son materia de otro libro mío titulado *Sé un cliente de Freelancers feliz*. En ese texto se abordará el tema de cómo ser un cliente de **freelancers**, y te servirá asimismo para lograr comprender a tus clientes a través de ubicarte en sus zapatos, y para resolver diversos problemas del proceso de negociación, entre otras cuestiones.

Simplemente como un adelanto, te mencionaré algunos de esos aspectos, que te serán especialmente útiles si ejerces el rol de cliente: la comunicación del profesional contigo, el "portafolio" del profesional, la adaptación del **freelance** a lo que se le pide, las oportunidades de trabajos de largo plazo, entre muchas otras que son vitales para la elección del mejor profesional que necesitarás.

Capítulo III

¡A Trabajar!

Finalmente ha llegado el gran momento que venías esperando, ese momento en el que tu "cacería" de trabajos ha dado sus frutos y el cliente ha aceptado definitivamente tu propuesta. Es en esta instancia donde deberás ponerte manos a la obra con la expectativa de poder mostrarle al mundo el talento que tienes guardado y que estás ciento por ciento interesado en explotar, y si es posible recoger de los restos del estallido una buena cantidad de dinero.

Te puedo asegurar que no hay nada más satisfactorio para un trabajador *freelance* que ver en tu barra de notificaciones de **Workana** o de **Elance-ODesk** un mensaje que rece: "Felicitaciones, su propuesta ha sido aceptada por xxxxxxx". Esto te produce una sensación única, te sientes lleno de orgullo y satisfacción, ya que has obtenido un trabajo, el cual una vez entregado te generará ingresos que te permitirán a ti y a tu familia tener o hacer eso que tanto han soñado.

No quisiera pasar por aguafiestas, pero tengo que decirte que luego de disfrutar merecidamente de tu momento de alegría, llega la hora de la verdad, por lo cual no debes perder ni un solo segundo y ponerte manos a la obra. Recuerda que todo tiempo perdido equivale a un proyecto menos que podrías hacer una vez terminado el que te ocupa ahora.

De todas formas, está de más decirte que aquí eres sólo tú quien sabe claramente cuáles son los próximos pasos a seguir, ya que eres tú el especialista en el área que hayas elegido para desarrollarte profesionalmente. Lo que nunca debes olvidar es la trascendencia de realizar tu trabajo lo mejor posible, porque ya sabes que mientras mayor calidad tenga ese trabajo, mejor reputación obtendrás, y por ende, más trabajos conseguirás en el futuro.

Es sumamente importante que a la hora de trabajar poseas un lugar específico para hacerlo, que no necesariamente ha de ser una oficina o un local comercial, pero sí debe ser un puesto en el cual te sientas en armonía durante todas tus horas de ocupación. Procura evitar ambientes donde te estreses ya sea por el ruido, o por tus hijos, o por tus molestos hermanos menores y mayores, porque todo esto genera bloqueos que pueden atentar contra tu desempeño.

El secreto de un espacio de trabajo impecable se puede resumir en unos cuantos pasos que te recomiendo seguir al pie de la letra para asegurarte de que tu entrega final sea exitosa. Pues ahí van entonces:

a) Encuentra el lugar perfecto

Hay profesionales que se sienten cómodos trabajando con ruido de fondo, mientras otros necesitan silencio absoluto; y otros por su parte prefieren sentir la compañía de trabajar junto con otras personas. Así que lo primero que necesitas para crear tu espacio de trabajo ideal es elegir un lugar que sea perfecto para ti, donde puedas pasar horas y horas sin darte cuenta siquiera del transcurrir del tiempo.

Preferiblemente búscate un espacio confortable, que tenga un cómodo asiento o sillón ergonómico, un escritorio en el que quepan todas tus cosas y que te permita recibir luz natural la mayor parte del día. Debe ser un ámbito en el que puedas respirar y sentirte tranquilo, para evitar la sensación de claustrofobia o la asfixia por falta de ventilación.

b) Ten todas las herramientas a mano

Como *freelancer* necesitarás un escritorio amplio que te permita tener a mano todas tus herramientas de trabajo, incluyendo una computadora bien organizada con todo lo que precises a tu alcance.

A fin de lograr esa organización, comienza por evitar los cables de la computadora sobre tu escritorio, al igual que platos, vasos, o cualquier otro elemento que no se vincule directamente con tu tarea. Recuerda que ése es tu espacio de trabajo, no tu living-comedor. Es fundamental que exista un equilibrio entre todos tus objetos personales, por lo que te recomiendo que te tomes un tiempo prudencial para determinar qué herramientas te ayudarán en tu día a día y así organizar tu espacio de trabajo de manera que obtengas fácil acceso a todas ellas, ya sea un bloc de notas, una pizarra digitalizadora o un juego de destornilladores para armar robots.

Por las dudas, si eres de los que prefiere ir cambiando de lugar cada cierto período de tiempo, ten un maletín preparado con todas tus herramientas.

c) Usa música para concentrarte

Son muchos los profesionales que recurren a la música para aumentar su productividad. Un excelente recurso es crear una lista de reproducción en tu ordenador de trabajo que se llame "Música de trabajo" y utilizarla siempre que necesites. Algunos *freelancers* para concentrarse usan también aplicaciones que producen sonido de lluvia, o herramientas que recrean el sonido de un cibercafé. Y hay otros que para las tareas que requieren menos concentración apuestan por sus canciones favoritas para mejorar su estado de ánimo.

Esto siempre depende de los gustos personales. En mi caso, convivo en mi apartamento con otra persona que tiende a ser muy escandalosa con su música, por lo que para poder trabajar tranquilo utilizo auriculares y en general escucho música de relajación, preferiblemente instrumental. Ahora bien, cuando tengo que hacer una tarea que no necesita tanta concentración me doy el gusto de escuchar rock y del bueno (soy gran fanático de *Metallica* para más información). Por esto mismo te digo, ¡elige la música que vaya contigo!.

d) Presta gran atención a los aromas

Puede sonarte extraño, pero los aromas ayudan mucho a incrementar la productividad. Procura colocar esencias en tu escritorio, recurre al incienso, o simplemente ten siempre a mano algún aroma que te aporte tranquilidad y buenas sensaciones, y te aseguro que de ese modo lograrás un mejor rendimiento. Por ejemplo: el aroma a cítrico promueve la concentración, la lavanda ayuda a calmar el estrés y los nervios, el jazmín produce sensación de optimismo y energía renovada, y la canela combate la fatiga mental y aumenta la concentración.

e) Usa los colores a tu favor

Al igual que los olores, los colores tienen mucho que ver con tu nivel de productividad. Y es que el aspecto pictórico de tu lugar de trabajo tiene un impacto directo en tu estado de ánimo, y por ende en tu performance. Es así que el color amarillo en las paredes o muebles es estimulante, acogedor y luminoso; mientras que el rojo es más hostil y agresivo. El verde es más calmo y relajante y el gris, si bien es un color asociado con la inteligencia y la sabiduría, no genera resultados   positivos en tu trabajo.

f)   Rodéate de cosas que te inspiren

¿Sabías que existen estudios que demuestran que las personas son más productivas si tienen plantas en su lugar de trabajo?. Con esto no me refiero a que montes un pequeño jardín, sino que basta con un cactus o una pequeña planta, ya sea de zábila, alguna flor en especial o un bonsái; cualquiera es válida si te produce alegría a ti y al lugar mientras limpia el aire que respiras y mejora tu estado de ánimo. Es sabido que estar en un ambiente en el que abunda la vegetación ayuda a los profesionales a recuperarse de actividades exigentes y a reducir los niveles de estrés.

Al mismo tiempo, intenta rodearte de cosas que te inspiren, como carteles o cuadros que te motiven o que contengan paisajes relajantes, y ten siempre cerca agua para cuando necesites hidratarte.

g) De vez en cuando, permítete cambiar

Como mencionaba anteriormente, una de las grandes ventajas de ser *freelancer* es el hecho de poder improvisar y crear tantas oficinas como quieras, así que si siempre trabajas desde el mismo lugar, ¡muévete y permítete cambiar!. De vez en cuando trasládate a una cafetería, sal a caminar, trabaja en un entorno natural y tómate pequeños descansos para mover el cuerpo, ya que si no estás sano no podrás trabajar con ánimos.

Claro que no es tan sencillo tomar esta determinación, porque cuando uno ve que el dinero fluye no quiere abandonar el trabajo para hacer un cambio de oficina, porque enseguida piensa que va a perder tiempo con la mudanza, además de que no siempre es tan fácil encontrar un sitio similar a nuestro cómodo lugar actual.

También es cierto que al trabajar en nuestro hogar no tenemos ninguna clase de contacto físico ni verbal con nadie, por lo que podemos llegar a sentirnos solos, y en algunos casos incluso desesperados. Ya hemos hablado de los beneficios que te reportará el trabajar como *freelancer,* en especial porque te brinda algo que ningún otro trabajo te ofrece: paz, tranquilidad y flexibilidad. Pero cuidado, porque puede ocurrir que el exceso de paz lleve a la desesperación. Afortunadamente, esta situación se puede revertir, y en los siguientes párrafos verás de qué manera puedes decirle adiós al aislamiento e incrementar tu entusiasmo a la hora de trabajar como profesional *freelance*.

h) Evita el uso excesivo de chat por teclado: apúntate al video chat

Siempre que te sea posible, utiliza algún software para videollamadas que te permitirá no sentirte tan aislado mientras trabajas. Y no sólo eso, sino que además te ayudará a progresar de una forma mucho más rápida en tu proyecto gracias a la inmediatez de la comunicación.

i) Únete a foros en Internet

Otra manera de sobrellevar el aislamiento que se produce al trabajar desde casa es unirse a distintos foros en Internet, lo que te posibilitará entre otras cosas participar en discusiones con profesionales que posean las mismas inquietudes que tú, y esto seguro te alegrará el día. Además, esta herramienta puede servirte de gran ayuda para aprender cosas nuevas y para corregir errores en tus trabajos, con lo cual reforzarás notablemente tu carrera como *freelancer*.

j) Trabaja en grupos de cooperación freelance

Estos grupos son una muy buena alternativa para contactarte con tus colegas, y todo lo que debes hacer es buscar la oficina más cercana de *freelancers;* una vez que la has localizado puedes pedir una solicitud para unirte a ella, y de esa forma, podrás trabajar el tiempo que desees en oficinas repletas de individuos como tú. Allí no solamente te sentirás acompañado, sino que entablarás relaciones intelectuales con muchas personas diferentes e inclusive podrán desarrollar un equipo de trabajo.

Esta es realmente una muy buena práctica, más allá de que en este caso no trabajarás desde tu casa, pero piensa que no tendrás un horario fijo ni mucho menos un jefe que te regañe por llegar tarde. Una opción interesante es llegar a un acuerdo con cafeterías o lugares similares, preferiblemente con acceso a Internet, donde las personas entren y se queden cómo mínimo diez minutos para colocar allí tu stand de *freelance* uno o dos días a la semana. De esta manera podrás continuar con algún trabajo que ya tuvieras asignado vía Internet, o bien encontrar algún trabajo nuevo en modalidad offline tratando directamente con algún cliente del establecimiento.

k) Sé lo más disciplinado que puedas

Ser *freelancer* no implica trabajar en horarios desordenados sin control ni organización alguna. Al contrario, **cuánto más organizado y metódico seas en tu trabajo, mejores resultados lograrás en tu área personal**. Así que mantente ordenado y establece un horario de trabajo teniendo en cuenta las horas libres de tu día.

De igual modo, aunque tener disciplina es importante, cuando tu mente y tu cuerpo te soliciten un descanso simplemente hazles caso y descansa. Por supuesto que esto no implica dejar de trabajar durante dos horas, porque eso lo único que te provocará es un aumento en tus niveles de estrés y finalmente terminarás siendo indisciplinado. Asegúrate de hacerte un tiempo para tener una vida social y personal, ya sea practicando hobbies o disfrutando junto a tu familia y amigos

l) Practica algún deporte colectivo

Resérvate unas cuantas horas a la semana para practicar algún deporte que involucre a un grupo de personas, como ser fútbol o béisbol, o si lo prefieres inscríbete en un gimnasio. Esto te lo recomiendo no sólo por lo que hace a la interacción con otros seres humanos, sino también para que te sientas más saludable, ya que no podemos pasar por alto que al estar sentado tantas horas al día trabajando uno tiende a enfermarse.

Además de tener una vida social activa y un lugar pulcro donde trabajar, es altamente necesario que tengas tu mente despejada para dejar que la creatividad fluya, debido a que ella es tu herramienta principal de trabajo. No es nada extraño que uno tienda a bloquearse en ocasiones, por el hecho de estar pensando en algo específico por un tiempo prolongado.

Obviamente no es algo voluntario, pero se origina a partir de que nuestro cerebro demanda estar en constante movimiento, y por lo tanto al centrarse tanto tiempo en una sola tarea lo más normal es que termine colapsando. Esto es lo que los profesionales y artistas denominan un "bloqueo creativo", y sucede cuando has pensado tanto en algo que lo has dejado ir. El caso más común de bloqueo se da en el proceso de la escritura, porque en el momento en que intentas mantener una historia en tu cabeza por mucho rato, lo más lógico es que se te borre y te cueste horrores hacerla regresar.

Por este motivo, si eres escritor o planeas dedicarte a las letras te recomiendo que no te pases las veinticuatro horas del día sentado escribiendo, sino que procura destinar a ese menester un lapso de no más de cuatro o cinco horas diarias, de manera tal que tus ideas fluyan durante ese lapso de inspiración. Lo más interesante de este método de trabajo es que la historia sorprende inclusive al mismo escritor, y finalmente termina ubicando un acontecimiento importante en su obra basándose en el contexto y no en sus ideas previas.

Este sistema no es exclusivo de la escritura, ya que lo mismo sucede con otras disciplinas como la programación, el diseño arquitectónico, el diseño web, o cualquiera en la que el pensamiento sea un elemento fundamental. Como decíamos, si tienes un bloqueo creativo esto te acarreará enormes problemas a la hora de trabajar porque se bloquearán tus habilidades y no podrás resolver situaciones de una manera correcta.

Por suerte existen varios *tips* para logar que tu creatividad fluya fácilmente, algunos de ellos con basamento científico y otros de origen puramente casero pero que han probado tener gran eficacia. A continuación podrás acceder a los que considero más recomendables:

1) El Método de Seinfeld

Este secreto consiste en crear un hábito por medio de la elección de una tarea cualquiera que te ayude a desarrollar tu creatividad. Para ponerlo en práctica deberás conseguir un calendario y ubicarlo en un sitio en el cual siempre lo veas; luego, destina unos cuantos minutos al día para completar esta tarea, y una vez lo hayas hecho marca ese día en tu calendario con una gran "X".

La tarea que escojas variará dependiendo de tu campo de acción, por ejemplo si eres escritor podría ser el hecho de escribir un párrafo de una historia que continúes día a día o pensar una idea específica sobre alguna innovación para mejorar tu trabajo, etc. La idea es ser constante y repetir este mismo procedimiento cotidianamente. De esta forma generarás un compromiso contigo mismo.

2) Tener un "diario de ideas"

¿Cuántas veces se te pasó por la cabeza una buena idea pero luego la olvidaste, y cuando quisiste recordarla ya era demasiado tarde?. Para que sepas, **todos los días pasan por nuestra mente cerca de cincuenta mil pensamientos fugaces**, entre ellos buenas ideas que duran menos de un segundo y se van con la misma rapidez con la que llegaron.

Pues bien, lo cierto es que la mayoría de las veces esas pequeñas ideas son manifestaciones de la creatividad que intenta emerger desde lo más profundo de nuestro cerebro, y ante la imposibilidad de registrarlas, terminamos por dejarlas ir.

Imagínate si pudieras lograr que no se te escape ni una sola idea...sería genial, ¿verdad? y quizá entonces te convertirías en un rey del mundo de los negocios, ya sea en calidad de *freelancer* o de comerciante, o como mejor te siente. Bueno, mi recomendación en este caso es que lleves contigo siempre un diario de ideas, que puede ser un cuaderno, un bloc de notas pequeño, e incluso tu dispositivo móvil por medio de algún programa de la nube; el instrumento es lo de menos mientras te permita anotar todas tus ideas y no dejarlas ir, para de esta forma al evitar los molestos bloqueos creativos a los que hacíamos referencia líneas arriba.

3) Tómate 10 minutos cada día para mantener tu mente en blanco

Quizá te parezca algo descabellado, pero está comprobado que no pensar en nada aumenta la creatividad. Esto es así porque los seres humanos tendemos a fatigarnos rápidamente, por lo cual la costumbre de "descansar por cinco minutos" y luego continuar con nuestras labores es ampliamente aconsejable. Así como sucede con tus piernas, que luego de correr cuatro kilómetros ya no las sientes, pero al descansar cinco minutos e hidratarte puedes continuar nuevamente, pues bien, lo mismo ocurre con nuestro cerebro.

Es importante recordar que el cerebro es como un músculo, y como tal, si lo dejas reposar por un período de tiempo definido puede luego continuar con su correcto funcionamiento. Por esto mismo, dedícate a descansar la mente unos diez o quince minutos al día sin hacer absolutamente nada, ya sea durmiendo una siesta rápida, o simplemente observando la naturaleza. La intención de este hábito es que te alejes por un buen rato de la tecnología y de cualquier posible factor de estrés para que los pensamientos puedan fluir mejor tras el descanso.

Una vez que hayas aplicado todas las recomendaciones que te he dado, llegarás de seguro al punto en que tu trabajo se vuelva placentero y ya no sientas que lo haces por necesidad, sino por gusto y por pasión. En el momento en que esto sucede se puede decir que ya estás realmente disfrutando tu trabajo *freelance*, porque te has dado cuenta de la libertad que posees y de la cantidad de conocimientos que vas obteniendo por el camino.

Esta última idea es esencial, ya que si hay algo que te puedo asegurar es que irás acumulando una serie de conocimientos cada vez mayor con el paso del tiempo, tanto porque habrás aumentado los trabajos en los que tenías experiencia mediante diferentes plataformas, como porque te habrás interesado en aprender otros temas que también te permitirán ganar dinero trabajando en esta modalidad.

En este punto se puede decir que ya casi sabes lo que es realizar un trabajo como *freelance* de principio a fin, pero aún resta que te enseñe un ítem muy importante, que te explicaré en el siguiente capítulo.

Concentrémonos ahora por un instante en el momento en que debes realizar la entrega formal de tu trabajo, cuya estructura varía dependiendo de la plataforma que utilices. En primer lugar, debes asegurarte de que tu trabajo sea de una calidad excelente, ya que el cliente lo observará cuidadosamente y decidirá si lo acepta siempre y cuando cumpla con sus expectativas.

Claro que también puede suceder que no lo acepte y te lo regrese para que lo mejores, lo cual no sería tan problemático, o bien puede reportarte debido a que el trabajo ha sido muy poco elaborado y en ese caso la plataforma puede multarte, cerrarte la cuenta temporal o permanentemente.

Por esto mismo, te recalco una vez más la importancia de que sigas las pautas brindadas en el capítulo anterior, en especial la que se refiere a no mentirle al cliente ni acerca de tu experiencia ni de tu "portafolio", porque es allí donde las consecuencias pueden ser más graves para ti y tu reputación.

Volviendo al momento de la entrega formal del trabajo, debo informarte que suelen sucedernos cosas muy injustas, y para que lo comprendas mejor voy a contarte algo que me pasó en una ocasión. Por suerte no se trataba de una tarea demasiado laboriosa sino que era muy fácil de hacer, tanto es así que la completé en menos de una hora. Como contrapartida la paga era escasa, algo así como ocho dólares, pero eso ya lo sabía y decidí tomarlo porque era un trabajo sumamente rápido y sencillo.

Bueno, la cuestión es que ya lo había terminado y estaba ciento por ciento funcional. Entonces se lo envié al cliente, quien lo recibió y lo rechazó, diciéndome: "Muchas gracias, sí me sirvió el trabajo, pero cancelaré el proyecto y no te pagaré". Te imaginarás que yo estaba muy ofuscado en ese momento y estuve a punto de romper la regla de oro que dice que siempre conserves la calma. Sin embargo respiré profundo y actué de forma profesional, pidiéndole una explicación de por qué me hacía eso si yo le había entregado mi trabajo, y él me respondió simplemente: "es muy lindo que a uno le hagan los trabajos gratis". Por supuesto no le contesté más, y luego de transcurridas unas horas el equipo de soporte de **Workana** me contactó diciéndome que me podrían cerrar la cuenta por incumplir con lo que el cliente quería. Entonces hablé con el soporte y por suerte no tomaron esa determinación, con lo cual las consecuencias no resultaron ser tan graves.

Siempre recuerda que así como tú tienes una reputación, el cliente también la tiene, pero lo cierto es que hasta ese momento yo jamás me había percatado de ese detalle. A partir de esa desagradable experiencia, cada vez que estoy por enviar una propuesta para un proyecto reviso bien la reputación del cliente antes de ofertar, de manera tal de tener la garantía de que me van a pagar por mi trabajo.

Por todo ello es que deberás asegurarte de entregar tu trabajo en perfectas condiciones para que el cliente lo acepte de forma automática y puedas pasar a la instancia de reclamar tu dinero, que sería el último paso en este proceso de trabajo *freelance.*

Por ejemplo, si el proyecto consiste en diseñar una página web, asegúrate de que al terminar el diseño entregues tan solo el ochenta por ciento del trabajo (en verdad tú decides qué porcentaje es el que vas a entregar) y por seguridad envía solamente fotografías de tu página web a la hora de la entrega. Esto te lo remarco porque podría suceder que si entregas todo de una vez el cliente lo tome y se lo lleve; en cambio, al momento en que te paguen ese ochenta por ciento tú puedes subir los archivos de páginas web al hosting que se haya decidido contratar, y luego la página en sí. Allí estarías entregando el veinte por ciento final que corresponde al acceso a la administración y demás datos.

Te recomiendo que conserves los datos del acceso al hosting para asegurarte de evitar fraudes con tus clientes, ya que ellos no tienen ni la más mínima idea de cómo subir archivos y además esto te asegurará un contrato mensual por el mantenimiento de la web, y por ende, más ganancias.

Si tu rubro es el diseño gráfico, encárgate primero que nada de enviar miniaturas de la imagen que has creado, las que equivaldrían al ochenta por ciento del trabajo, y una vez que recibas el pago por ellas podrás enviar los vectores o archivos de imagen *.jpg* o *.psd* , o el formato que te sea requerido.

Los que se dedican a la producción de video deben tener un mayor cuidado, ya que en esos casos se registran mayores posibilidades de fraude. Por ello lo aconsejable es ir haciendo entregas parciales del proyecto, es decir, enviar en principio una fracción del video que corresponda al veinte por ciento, luego otra al cuarenta y así hasta finalizar el trabajo.

Bueno, mi estimado lector, ahora estamos en condiciones de pasar a una parte que te será de bastante agrado así que...¡continúa leyendo! Esta historia recién comienza…

Capítulo IV

El pago

Ya has trabajado muchas horas sin descansar, y esa inversión de tiempo y conocimiento merece un buen premio, ¿no es así?. Pues bien, ese premio es el pago por tu tarea, y no importa tanto si son uno, tres dólares o diez mil; lo verdaderamente importante es que puedas recibir la retribución por un trabajo bien hecho y satisfactorio para tu cliente.

Es fundamental tener en cuenta que el pago varía dependiendo de la modalidad de trabajo realizado. Si has entregado una porción del proyecto, recibirás el pago del diez al noventa por ciento, lo cual genera sensaciones contradictorias, porque te recuerda que aún no has finalizado con la tarea. En cambio si el proyecto en el que trabajaste es por horas, lo que haces es enviar a tu cliente un detalle de la cantidad de horas trabajadas y él te las abonará, quedando así el saldo positivo guardado en tu cuenta dentro de la plataforma que uses. Sin embargo, en ese caso esto no implica el fin de tu responsabilidad para con ese cliente.

Sin duda la mayor emoción se produce cuando un cliente ha aceptado tu trabajo completo al ciento por ciento, y efectúa el pago. En ese momento te sientes espectacular y lleno de alegría por saber que has hecho un buen trabajo, y que tu tiempo y esfuerzo se han visto de veras recompensados. Además del premio monetario, el cliente tiene la opción de otorgarte un puntaje y una reseña propia, la cual preferiblemente debería ser de cuatro o cinco estrellas, ya que de tres estrellas para abajo se considera una mala puntuación. Entonces, si tú estás convencido de que has entregado un buen trabajo, asegúrate de pedirle al cliente una buena calificación.

Una vez que hayas sido calificado, deberás hacer lo mismo con la otra parte, pero mi recomendación es que antes revises el puntaje que recibiste para saber si te conviene darle una puntuación justa o injusta de acuerdo con su valoración. Por esta y por muchas otras razones afirmo que este proceso es muy importante, ya que **es en este momento cuando tu reputación está realmente en juego.** Una vez superada esta instancia se puede decir que el proyecto realmente se ha completado, por lo que es hora ya de pasar la página y continuar con tu "cacería", por supuesto siempre siguiendo los pasos descriptos en el capítulo II.

Debes saber también que al momento de recibir tu pago el dinero no se cargará de forma automática a tu cuenta bancaria (si es que posees una), sino que permanecerá como saldo positivo en tu cuenta, lo cual puedes visualizar en el menú de "Mis Finanzas". Si usas **Workana**, para acceder a tu saldo actual debes pulsar sobre la opción "*Movimientos de mi cuenta*" que se encuentra en la parte inferior izquierda del Panel de Control de usuario. Si en cambio te encuentras en **Elance-oDesk**, desde tu perfil debes situar el cursor sobre el botón de menú que dice "*Manage*", y una vez allí seleccionar la opción "*Transactions*". Cuando hay saldo positivo en tu cuenta se puede decir que ese dinero ya es tuyo, porque que lo único que resta es aguardar a que llegue la fecha que has programado de retiro de los fondos en tu cuenta.

Siguiendo con la cuestión del pago por tu servicio, algo fundamental y prácticamente mandatorio para poder trabajar como *freelancer*, es tener una cuenta en la cual puedas depositar tu dinero, preferentemente en dólares americanos porque el pago en la mayoría de estas plataformas se efectúa en esta moneda. Existen opciones para todos los gustos y colores, por ejemplo si eres menor de edad puedes crear una cuenta *PayPal* y así reclamar los pagos a tu cuenta de forma segura. En ese caso lo único que necesitarás para poder cobrar es anexar una tarjeta de débito compatible con el sitio. Obviamente, al ser menor deberás solicitarle a algún familiar que te preste su tarjeta, explicándole que simplemente la registrarás para el cobro y luego se la regresarás.

Cabe destacar que este método de pago es admitido en todas las plataformas para **freelancers**, así como también en la mayoría de tiendas online a nivel mundial, como *Apple* o *eBay*, por nombrar sólo un par. *Amazon* es una de las pocas que no aceptan *PayPal*, pero de todas formas si te las ingenias puedes vencer esta barrera comprando una tarjeta de regalo de *Amazon* con *PayPal*.

Si en cambio eres mayor de edad y puedes abrir de forma legal una cuenta con tarjeta de débito internacional, mi recomendación es que lo hagas a través de *Payoneer*, una cuenta bancaria virtual que te permitirá hacer cobros a empresas en Estados Unidos, y que es compatible con cualquier cajero electrónico que acepte *MasterCard* . Esta tarjeta es aceptada en todas las tiendas online a nivel mundial, tiene precios de mantenimientos muy bajos, es fácil de usar y además, te la envían a cualquier lugar donde te encuentres de forma totalmente gratuita[2] .

Resumiendo entonces, una vez que poseas tu cuenta bancaria internacional, todo lo que necesitas hacer es esperar a que te llegue el pago en la fecha que has estipulado para ello, y podrás disponer de tu dinero para lo que te plazca. Ahora bien, imagino que al obtener tu primer cobro no irás a renunciar para siempre a ser **freelancer** ; de

---

[2] Si quieres registrarte en *Payoneer* y recibir 25$ de premio cuando deposites tus primeros 100$ en tu cuenta, contáctate a esta dirección: www.autordavidbracho.com, y allí te explicaré cómo ganarte ese premio.

hecho, mi recomendación es que busques inmediatamente más trabajos para incrementar tu capital.

Presta especial atención a lo que te voy a decir: un *freelancer* debe tener especial cuidado a la hora de gastar su dinero, ya que al no poseer un salario fijo puede suceder que algunos meses cobres miles de dólares pero otros te lleves apenas diez dólares o directamente nada. Por esto mismo te daré algunos consejos acerca de cómo deberás hacer (si es que esta modalidad de trabajo es tu medio de subsistencia) para lograr que tu dinero rinda más.

Por supuesto hay algunas personas que son *freelancers* solamente de forma parcial porque el resto de su tiempo lo dedican a sus estudios o a su trabajo fijo, pero hay muchas otras que sí dedican el total de su tiempo a esta actividad, y al igual que le sucede a cualquier trabajador, puede haber ocasiones en las que no consigan ni un solo proyecto al mes. Entonces es allí donde deben saber aplicar distintas herramientas para ahorrar dinero. Mi recomendación personal es que no hagas del trabajo *freelance* tu principal medio de sustento, sino que lo utilices como una fuente extra de ganancias.

Pero si de todas formas decides hacerlo, no creas que te estoy alentando a que te transformes en un absoluto tacaño, o que te prives de gastar dinero en ocio y diversión; simplemente me interesa que comprendas la importancia de tener una organización financiera, que en mi opinión se basa en cuatro pautas fundamentales que deberás seguir para no vértelas en figurillas cuando llegue la mitad del mes. Aquí van:

1) Registra todas las entradas y salidas de dinero

Para realizar una correcta administración de tu dinero y poder llevar un control de tus finanzas es fundamental tener un registro por escrito de todos tus gastos, ya sea en un bloc de notas, en una *app* de tu teléfono o tableta, o en tu computadora. Te recomiendo anotar absolutamente TODOS los ingresos y egresos que tengas, tanto gastos fijos (alquiler, teléfono, agua, luz, internet, etc.) como gastos variables (comida, entretenimiento), al igual que cada ingreso de dinero por muy pequeño que sea. Esto te ayudará a darte cuenta de qué gastos son necesarios y cuáles realmente se pueden eliminar, y recién en ese momento podrás sentir que verdaderamente estás ahorrando dinero.

2) Fija un presupuesto

Quizá te suene como algo muy trabajoso de hacer, pero créeme que se constituirá en una gran herramienta para que puedas ahorrar, porque al fijarte un presupuesto específico para ciertas cosas te asegurarás de no pasarte de ese monto y terminarás teniendo dinero excedente para lo que quieras. Al hablar de presupuesto me refiero a que en tu diario de gastos incluyas en la primera página una tabla como la siguiente:

Descripción	Monto
Comida	300$
Ocio	200$
Cuidado Personal	150$
Otros	100$

3) No gastes por gastar

Como te había dicho anteriormente, no pretendo en absoluto que te vuelvas un tacaño ni nada por el estilo, pero sí me parece necesario recalcarte que pienses dos veces antes de realizar cualquier gasto innecesario. Así como no es bueno ser ahorrativo en extremo, tampoco lo es convertirse en comprador compulsivo; lo más sano es siempre mantener el equilibrio entre ambas.

Déjame ilustrarte este concepto con un puñado de ejemplos sencillos de nuestra vida cotidiana. Si hoy día tienes como hábito desayunar todas las mañanas en una cafetería, prueba hacerte tú mismo el desayuno; si compras el diario en papel cada día de la semana, te convendría consumirlo en formato digital que desde ya es mucho más económico. Así como estos ejemplos estoy seguro de que encontrarás muchos más áreas en tu vida en las que puedes comenzar a reducir gastos innecesarios.

Por si aún no ha quedado claro, voy a reforzar la idea por medio de un ejemplo mucho más personal, así que presta toda la atención que puedas: la primera vez que recibí un pago trabajando como *freelancer* (mediante la plataforma **Workana**), me emocioné muchísimo al ver que en mi cuenta *Payoneer* había dólares; imagínate la situación, a mí con tan sólo 18 años, un adolescente adicto a la tecnología (bueno, eso no ha cambiado mucho que digamos) viviendo en Venezuela, un país en el cual el régimen cambiario era, y sigue siendo, muy limitante. Pues bien, apenas tuve acceso a ese dinero (ciento diecisiete dólares en total) ingresé instantáneamente a la Web y me lo gasté completo en artículos de tecnología que me gustaban, algunas traídas de China y otras de Estados Unidos.

A los pocos días aprendí a usar el programa de *Adobe After Effects* y produje varios videos y animaciones para diferentes clientes dentro de la plataforma; sin embargo, mi computadora no tenía la potencia suficiente para este tipo de tareas y no podía lograr un buen *renderizado* de los videos. Como esto me molestaba en extremo, decidí buscar una nueva computadora en Internet.

Yo he tenido *laptop* desde que me gradué del colegio, por lo tanto lo primero que hice fue buscarme alguna que fuese mucho más potente que la mía. En un principio intenté buscar las de precio más económico, pero no encontré, y no podía permitirme invertir demasiado dinero puesto que sólo contaba con trescientos dólares[3], por lo que me propuse ahorrar para poder comprarme la que yo deseaba.

Transcurridos unos días descubrí por medio de una famosa página de descuentos que trabaja en conjunto con *Amazon* una oferta de una computadora que cumplía con todas mis expectativas. Tenía la potencia que yo necesitaba y era realmente muy económica, porque en ese momento tenía el 80% de descuento por un día en especial en Estados Unidos, con lo cual el precio final era de trescientos cuarenta dólares. Cuando lo vi quedé estupefacto, y estuve a punto de comprarla, pero luego recordé que ya no tenía dinero porque había sido compulsivo y me lo había gastado por completo.

La conclusión es que me perdí esa inmejorable oferta, y cuando más adelante volví a buscar el mismo modelo, desilusionado descrubrí que ya costaba mil ochocientos dólares. Ese error me sirvió de gran experiencia, y es por ello que te lo quiero transmitir a ti para que no caigas en la misma trampa, porque recuerda que tener una buena cantidad de dinero ahorrado te garantizará satisfacción a futuro.

En vista de que las ganancias son un elemento vital para todos nosotros, y de la importancia que reviste darle un uso adecuado

---

[3] Al momento en que se escriben estas líneas, ése es el monto de un salario **anual** promedio en Venezuela.

a tu dinero, hago hincapié nuevamente en el hecho de que no deberías limitarte a hacer una sola cosa, o mejor dicho, a tener una única fuente de ingresos; claro que es maravilloso recibir el pago por un trabajo que has hecho, pero piensa, ¿no sería aún más maravilloso recibir **varios** pagos el mismo día? ¿No sería fabuloso poder trabajar en varias plataformas de *freelancers* al mismo tiempo, o ser un autónomo en tu ciudad poniendo en práctica tus habilidades aprendidas como *freelancer*?.

Por supuesto que sería grandioso recibir muchos pagos a diario, y esto es posible pero para ello debes adquirir múltiples conocimientos en diversas materias, por ejemplo si eres diseñador gráfico puedes aprender también diseño web, o formarte en otro idioma, conocer más sobre programación o sobre finanzas. Cualquiera de estos conocimientos los puedes asimilar de manera muy sencilla porque todo lo que necesitas es dedicación y compromiso con tu causa, y nunca olvides la máxima que reza: "el saber es dinero".

A su vez el dinero es lo que mueve al mundo en la actualidad, y si bien es cierto que no puede comprar tu felicidad, sí te permite disfrutar de muchos momentos felices como viajes o salidas con amigos y familia, además de asegurar tu supervivencia cotidiana.

Si te digo todo esto es porque quiero que entiendas claramente que el poder disfrutar de tu vida como *freelancer* está directamente ligado con las ganancias que generes; por eso no te limites simplemente a ganar dinero y ahorrarlo, en cambio realiza inversiones que te permitan hacerlo crecer, o bien crea un proyecto propio valiéndote de toda la toda la experiencia acumulada a lo largo de los distintos proyectos en lo que has trabajado.

En mi caso personal, estoy escribiendo este libro para ti como una guía que te ayude a transitar este camino tan especial que es el de la vida *freelance*, y pretendo que lo hagas con todo el entusiasmo posible para evitar que aparezcan las dudas y los temores acerca de si este estilo de vida es realmente viable o no. Como sea, no te dejes llevar por los comentarios que puedas encontrar en los distintos foros de Internet, porque las opiniones allí vertidas no tienen ni el más mínimo atisbo de seriedad.

Por esa razón, si quieres obtener información valiosa sobre el tema que nos ocupa aquí te aconsejo que recurras a los libros, ya sea éste mismo u otros que también te aportarán técnicas y recomendaciones que pueden resultarte muy beneficiosas a la hora de emprender tu camino como *freelancer.*

Ahora quisiera adentrarme en un ítem que considero de gran relevancia para el desarrollo de tu carrera en este ámbito: la **fidelización de tus clientes.** Seguramente te estarás preguntando a qué me refiero con este concepto, y para responder a tus interrogantes voy a enumerar unos simples pasos que pueden servirte para generar trabajos en el futuro sin tener que buscarlos.

Esto podría parecer algo utópico, pero no es tan así porque piensa que si a tu cliente le gustó como trabajas y lo que haces, te garantizo que tendrás dinero asegurado todos los meses. Bueno, echemos pues un vistazo a los pasos de los que te hablé.

1) Garantiza un trabajo de calidad en el tiempo acordado

Recuerda que un cliente satisfecho siempre vuelve, esta es una máxima que tienes que internalizar para entender el resto de los pasos que siguen. **Siempre** será importante entregar el proyecto en el plazo establecido, porque eso hablará muy bien de ti y el cliente entonces grabará en su mente tu nombre, por lo tanto cuando necesite otro proyecto de este estilo.. ¡adivina! ¿quién será el profesional que haga el trabajo? ¡Sí, tú lo serás!.

2) Demuestra pasión y compromiso

Algo que siempre espera el cliente del profesional que contrató es que esté un ciento por ciento comprometido con su trabajo. Por ello, demuestra tu compromiso haciéndole preguntas a tu cliente, enviándole avances del trabajo, ofreciéndole opciones y dándole a elegir la que más le guste, así sabrá de manera fehaciente que estás trabajando en su proyecto con auténtica pasión.

3) Sé sincero

Como ya habíamos destacado en otra parte del libro, si hay algo que tu cliente valorará ante todo es la sinceridad. Por eso mi recomendación es que seas siempre frontal y vayas con la verdad, en lugar de comprometerte con un trabajo que no podrás cumplir. Sé sincero siempre, y si en algún momento le tienes que decir NO al cliente con respecto a una solicitud extra que te haga en el proyecto debido a que no sabes cómo hacerla, no dudes en decirlo. En todo caso, siempre es mejor que no puedas hacer algo y que él sepa que no puedes, a que crea que puedes hacerlo cuando en realidad no tienes idea de cómo llevarlo a cabo.

4) Aplica las normas del buen oyente

Establece un proceso de comunicación equilibrado en el cual no seas tú el único que habla, sino que tu cliente pueda compartir también contigo sus opiniones y sus requerimientos. Es fundamental que exista una retroalimentación para el caso en que se deba llegar a una negociación. Recuerda que es clave que el cliente se sienta escuchado y que perciba que estás pendiente de sus necesidades y sus expectativas.

5) Sé profesional

Aplica tus conocimientos con criterio, manéjate con respeto y cordialidad, sé consecuente con tus palabras, respeta las condiciones acordadas, adáptate a los tiempos del cliente y por sobre todas las cosas apunta a la excelencia en tu trabajo. Los clientes buscan colaboradores serios y competentes.

6) Genera un valor extra

Es muy importante que agregues siempre a tu proyecto algo más, un plus que enriquezca la tarea, porque los detalles, por ínfimos que parezcan, generan encanto en los clientes y eso ayudará para que tengan una imagen positiva de ti, con lo cual conseguirás su fidelidad instantáneamente.

7) Sé autosuficiente

No esperes a que el cliente tenga que dictarte el trabajo paso por paso, anticípate a lo que vendrá, sé autónomo, sugiere soluciones diversas a los problemas que puedan surgir, ten una visión global de los proyectos y haz que él la conozca, ya que puede llegar a contratarte para que la apliques en un futuro. Es algo muy positivo que el cliente te vea siempre en acción y manejándote con total autonomía e independencia. Recuerda que él quiere ver en ti a un profesional que sabe perfectamente cómo hacer su trabajo y cómo dar lo mejor de sí mismo.

8) Fomenta las relaciones interpersonales

Ponte en el lugar del cliente y trátalo como a ti te gustaría que te traten. Sé respetuoso, pero tampoco al punto de ser robótico, escúchalo y gánate su confianza demostrando que eres profesional, pero ante todo un ser humano.

9) Responde e-mails

No dejes de hacerle saber al cliente que estás ahí. Aún cuando sea únicamente para enviarle una confirmación de que has recibido ese e-mail, no dejes de responderle. Recuerda que la comunicación **cliente-*freelancer*** se da principalmente a través de Internet y no suele haber interacción cara a cara, por lo cual es fundamental que sea rápida y fluida.

10) Mantén el contacto con tus clientes pasados

Siempre es bueno permanecer en contacto con esos clientes para quienes has trabajado con anterioridad, ya sea por medio de un e-mail, Skype, Facebook o la plataforma que sea. Ten presente que tus clientes en general son empresarios muy ocupados que tratan todo el tiempo con distintas personas, por lo que es normal que tiendan a olvidar quién les hizo tal trabajo. Entonces recuérdales que existes y que fuiste tú quien hizo ese trabajo fascinante, hazles saber que estás a su orden para cualquier cosa que necesiten, y te aseguro que buscarán contratarte para cualquier proyecto que les sea posible.

Hay un aspecto de tu personalidad que es vital para asegurarte dólares en tu bolsillo a futuro, y es el **carisma**. Aunque no muchos lo sepan, el carisma es un condimento que puedes y debes darle a tu negocio, es el toque extra que hace más fácil para el resto la relación. En el mercado de trabajo, esta cualidad puede serte de gran ayuda a la hora de conquistar nuevos clientes y fidelizar a los antiguos.

Voy a contarte una historia personal para que lo comprendas mejor. Resulta que tengo un conocido que inició un negocio por cuenta propia hace unos cuantos años atrás. En ese entonces tenía veinte años y era (lo sigue siendo) una persona de pocas sonrisas y con un mal genio constante. La cuestión es que su negocio se hallaba en el rubro de la publicidad, por lo que debía ofrecer en diversos establecimientos sus trabajos, mostrar su "portafolio" y, además, intentar encontrar clientes a largo plazo.

Debo decir que su éxito fue nulo: las personas más o menos educadas se limitaban a rechazar el producto, pero hubo otras que por ejemplo llegaron a decirle que "un cliente hace trato con humanos, no con perros" y que no le mostrara los dientes al ofrecerle los servicios. Sin embargo siguió adelante ofreciendo el producto a casi toda la ciudad sin obtener un solo "Sí", tras lo cual renunció dándose cuenta de que había desperdiciado todo el tiempo invertido.

Yo por mi parte decidí probar suerte en el mismo rubro, y cuando le comenté a él mi idea enseguida me dijo que no me convenía, que al verme tan joven las personas me iban a mandar a la calle, en definitiva que no me arriesgara.

Pero como yo ya tenía experiencia ganada como *freelancer* en las áreas de diseño web, traducción y redacción, entre otras, lo que hice fue elaborar unos cuantos diseños y salir a mostrarlos, para abrir mercados a nivel local (algo que les recomiendo si pueden). Fue así como me dirigí a un lugar en mi ciudad que no es muy grande y comencé a entrar en los comercios. Ese día entré solamente a veinte negocios, pero en cada uno de ellos lo hice sonriendo, siendo educado, cortés y profesional. Cuando me dispuse al fin a mostrar mi trabajo, de los veinte comerciantes trece me dijeron que no pero de manera amable, cinco aceptaron rotundamente mis servicios, y los otros dos me pidieron que les pasara una lista de precios para evaluarla. Luego resultó ser que aquellos que me habían aceptado finalmente me contrataron.

¿Has comprendido ahora la importancia del carisma?. Fíjate la gran diferencia entre mi conocido, quien no obtuvo ninguna oportunidad en toda la ciudad debido a su falta de carisma y profesionalismo, y yo, que me dispuse a tratar bien a mis clientes y obtuve siete contratos, los cuales me generaron una suma bastante grande de dinero. Esa sí que es una situación atípica para un joven menor de veinte años, ¿verdad?. Resumiendo, si demuestras tener una personalidad agradable y amena, no sólo conseguirás clientes para el momento, sino que además los fidelizarás y pasarán a ser clientes permanentes.

Claro que puede ocurrir que por más predisposición que tengas a ser carismático no logres generar empatía con tus clientes, y esto podría darse por diversos motivos: porque ellos no sean carismáticos en absoluto, sean amargados o porque simplemente en el momento no tengan la paciencia para atenderte. Lo que debes tener siempre presente es que para un *freelancer* ningún "No" es definitivo, y por cierto debes tener mucho cuidado en cómo reaccionas frente al rechazo de un cliente, ya que si lo haces de manera violenta estarás cometiendo un error muy grave.

No olvides que dentro del proceso de cobro la fidelización de un cliente es tan importante como la obtención de nuevos clientes. Y si uno de ellos está de mal genio en un determinado momento, seguramente no aceptará tu propuesta, pero tú debes insistir con nuevas ideas captar su atención. La recompensa a este esfuerzo es que con el tiempo tendrás a un cliente fijo y muy gentil, al que podrías haber dejado escapar si te rendías ante el primer "No"...suena interesante, ¿cierto?.

Ten en cuenta que lo más normal en el día a día de un *freelancer* es que, no importa la plataforma que estés utilizando, ningún cliente responda con un "Sí" rotundo a la primera propuesta que hagas. Pero a la vez hay clientes cuyo requisito para darte un trabajo es que además de que seas un profesional que sabe lo que hace, seas gentil con las personas y no las trates de forma automática o despreciativa. Una vez más, lo importante es siempre mantener el equilibrio.

Capítulo V

¡La libertad financiera y tú!

Estoy seguro de que toda tu vida has deseado cumplir una meta que muy pocos logran alcanzar: la de obtener **plena libertad financiera**. Con ello no me refiero únicamente a tener mucho dinero (una idea generalizada y errónea acerca de este concepto) sino a ser feliz aprovechando al máximo tu tiempo y por supuesto, tu dinero.

Lo interesante es que si te dedicas arduamente a conseguir algo, y te esfuerzas por alcanzar tus metas en un lapso corto de tiempo, te convertirás en un individuo sumamente exitoso. Créeme que no existe nada más importante que la perseverancia, la confianza en ti mismo y el esfuerzo para lograr toda meta que te propongas. Y en este caso no te estoy hablando solamente como *freelancer*, sino fundamentalmente como ser humano.

Cuando hablo de que deberás realizar un gran esfuerzo, esto no implica que cargues un tren sobre tu lomo ni mucho menos; en realidad, el éxito puede lograrse más fácil de lo que piensas, ya sea diseñando una página web, trabajando de forma autónoma, escribiendo un libro o forjando una gran empresa. Y si no tienes fe en que se puede, recuerda que muchos de los más grandes personajes de la historia se han ganado su lugar en ella a través de su esfuerzo y perseverancia.

Una breve historia

Me gustaría ahora que imagines la siguiente situación: en una ciudad se planea utilizar tres grandes terrenos para edificar tres rascacielos gigantes, para lo cual se han contratado arquitectos, ingenieros y todo el personal necesario, al igual que maquinaria de construcción y demás materiales para asegurarse de que los cimientos sean sólidos y el edificio no se derrumbe.

Al transcurrir un mes, en el primer edificio ya se han consolidado unas bases muy sólidas, pero por problemas de presupuesto han decidido frenar la obra por treinta días y continuar luego; en el segundo se han quedado sin presupuesto justo en la mitad de la construcción de sus bases, por lo que el encargado de la obra ha solicitado un préstamo bancario para poder afrontar el resto de la edificación. Sin embargo, sólo le pueden financiar el 30% de los materiales, y entonces el encargado decide comprar materia prima de muy baja calidad con lo cual el resultado será un edificio económico pero de escasa durabilidad.

Por el contrario, en el tercer edificio se han colocado unas bases de excelente calidad y aún ha sobrado presupuesto, tal es así que deciden pasar a la construcción de las paredes para aventajar a la competencia y vender mucho más rápido el producto.

Durante el mes siguiente, los encargados del primer edificio caen en la cuenta de que si bien la nueva forma de construcción les llevará bastante tiempo, asimismo les servirá para atraer a muchos potenciales compradores; además saben que las bases ya están listas y funcionan a la perfección, por lo que deciden encarar la transformación a través de un diseño de gran calidad, pero al llegar al piso cinco (aproximadamente unos dos meses más tarde) nuevamente se quedan sin presupuesto y se ven a obligados a postergar la obra.

Por su parte, los encargados del segundo edificio han adelantado en ese mes tres pisos del inmueble, y al utilizar materiales de bajo costo no han tenido mayores inconvenientes con la obra. Algo similar sucede con el tercero, en el que han logrado edificar cuatro pisos, un adelanto importante en su infraestructura que ha comenzado a llamar la atención de muchos empresarios que buscan montar allí sus negocios y de familias que desean vivir en el lugar. No obstante, aún no les han mostrado a los interesados los planos de sus apartamentos, por lo que muchos están con la intriga de saber cómo será por dentro ese edificio que tan espectacular luce por fuera.

Luego de un año, me acerqué al primer edificio y advertí que la construcción iba ya por el piso número veinte y su diseño era maravilloso, pero al mismo tiempo presentaba un considerable atraso de casi veinte pisos con respecto a sus dos competidores. Más allá de este problema, este edificio en sus planos internos prometía ser uno de los mejores condominios de la ciudad, y no dejaban de aparecer interesados en adquirirlos.

El segundo edificio estaba en ese momento por su piso número cuarenta, lo que permitía entrever su pronta apertura, teniendo en cuenta la velocidad en la construcción y la enorme aceptación que habían tenido los apartamentos al ser presentados a sus pretendientes. Incluso muchos ya habían sido vendidos aún sin haberse terminado la obra. Esto se evaluó como un gran éxito en la banca, y se pudo proseguir con su construcción a base de materiales de muy baja calidad.

El tercer edificio, al igual que el anterior ya llevaba su construcción por el piso número cuarenta, pero todavía flotaba a su alrededor ese misterio sobre los planos de su interior, a los que nadie tenía acceso, y sin embargo el número de interesados en mudarse allí no había disminuido en lo más mínimo.

Pasados unos siete meses, un terrible terremoto sacudió a toda la región dejando a muchas zonas devastadas y un angustioso saldo de miles de muertos y heridos. Durante la tragedia, lamentablemente el segundo edificio se derrumbó, lo que ocasionó pérdidas millonarias para la compañía ya que tuvieron que devolver a sus clientes el dinero de cada uno de los apartamentos, y por esta razón debieron declararse en bancarrota. Fue así como cientos de personas quedaron en la calle sin siquiera una indemnización debido a que no había dinero alguno para pagarles. El dueño de la constructora finalmente terminó en la cárcel por la gran deuda que le quedó con el banco y por otros cargos y denuncias de propietarios y empleados.

Mucha mejor suerte corrió en cambio el primer edificio que, gracias a su base móvil cuya función era hacer mover al edificio desde los cimientos y evitar daños estructurales, se mantuvo en pie. En ese entonces estaba casi alcanzando los cuarenta pisos, y tras el desastre despertó aún mayor interés en la gente gracias a su rigidez, que lo mantuvo firme ante los embates de la naturaleza. Fue por ello que no quedó ni un solo apartamento disponible y debieron solicitarse nuevos, con lo cual aumentaron los ingresos y la construcción continuó a gran ritmo.

El tercer edificio a su vez tampoco sufrió daños de gravedad gracias a su estructura antisísmica, y su construcción no se detuvo, además de ser calificada muy positivamente por los interesados debido a su magnífica apariencia externa. Sin embargo, su interior todavía permanecía en las sombras, mientras la compañía constructora contactó a una inmobiliaria y llegó a un acuerdo para vender los edificios a las personas como elemento sorpresa; o sea que cada uno conocería su vivienda en el preciso momento en que se le entregaran las lleves. Esta campaña fue un completo éxito de ventas y muchos compradores estaban más que satisfechos, pero la cuestión es que el edificio quedó pequeño comparado con la gran demanda, aunque esto no parecía preocuparle demasiado a la inmobiliaria.

Dos años más tarde volví a asomarme por la ciudad y observé que ambos edificios estaban listos, pero en condiciones muy distintas a las que tenían anteriormente, y el terreno del segundo edificio había sido limpiado de escombros y se estaban construyendo bases para un nuevo inmueble. Me acerqué entonces a un desconocido, y éste me contó la historia completa de lo que había sucedido.

El primer edificio había sido completado hacía seis meses tras una ardua batalla, porque debido a sus altísimos estándares de calidad se había tenido que frenar otra vez la construcción por falta de fondos; afortunadamente, en el momento en que los clientes abonaron las siguientes cuotas la obra se pudo concluir, con grandes ganancias para los constructores y mucha satisfacción de parte de los inquilinos, quienes recomendaban a otras personas los servicios de esa empresa.

Por su parte, el tercer edificio estaba terminado desde hacía más de un año, y la gran "sorpresa" que tuvieron los inquilinos fue que todos los apartamentos eran tipo estudio (para una o dos personas como máximo) y no poseían siquiera el espacio indispensable para vivir cómodamente. Por supuesto que todas las familias, furiosas, exigieron a la constructora el reembolso de su dinero y se marcharon a otro lugar, dejando el edificio totalmente deshabitado y en pésimas condiciones. Fue entonces que a pesar de sus excelentes bases y los materiales de gran calidad utilizados para su construcción, el error en la comunicación con los interesados derivó en una considerable pérdida de ingresos para la compañía, ya que debieron alquilar todos los apartamentos a estudiantes y solteros.

Y por último, tal como había supuesto, el segundo terreno había sido comprado por las personas que no tenían lugar en el primer edificio, y fue vendido completamente desde el momento en que sus bases fueron alzadas. Eso no es todo: la compañía obtuvo el dinero suficiente para comprar dos terrenos más y construir otro par de edificios respetando la calidad de construcción empleada en el primero de ellos, con lo cual tendrían la garantía de que al finalizar las obras muchos potenciales compradores estarían satisfechos.

El mensaje

Esta historia nos permite comprender un poco mejor de qué se trata la libertad financiera, y lo interesante es que podemos hacer una clara analogía con lo que ocurre en el ámbito del trabajo *freelance*. Para ello te voy a pedir ahora que visualices a un grupo de tres personas que están a punto de iniciar este camino independiente;

los tres tienen grandes expectativas y planean generar cuantiosos ingresos cada mes en base a su trabajo cotidiano.

Trazando un paralelismo con la historia que te conté previamente, podemos afirmar que así como el primer edificio se sostiene gracias a la excelente calidad de sus cimientos, un trabajador que asiente su desempeño sobre bases sólidas y tenga muy en claro lo que hace logrará que todos sus clientes queden siempre conformes con su *performance*.

En cambio, el segundo edificio es un ejemplo elocuente del individuo que se lanza al mundo *freelance* sin conocimiento alguno de los servicios que está ofreciendo, por lo que sus trabajos serán muy pobres y económicos. En un principio, muchos clientes al ver los precios se entusiasmarán y no querrán dejar pasar esa oferta, pero finalmente observarán la calidad del trabajo y decidirán no recomendarlo.

La tercera torre se puede comparar con el profesional que posee bastantes conocimientos sobre un tema puntual pero no los sabe aprovechar, porque no cumple las expectativas de su cliente; es decir, le muestra un "portafolio" lleno de obras de arte en su materia con el fin de ganar muchos contratos, pero al obtenerlos se deja dominar por la pereza y termina entregando trabajos de calidad media o baja.

En un punto de la historia se menciona que un terremoto derrumba al segundo edificio, y esto dentro del tema que nos compete podría catalogarse como un aluvión de malas calificaciones que generan una reputación negativa (el terremoto) y hacen que el profesional pierda por completo su credibilidad. De más está decir que no conseguirá nuevos trabajos y le abrirá el mercado a su competencia.

Lo que sucede con el tercer edificio tiene relación directa con la renuncia del profesional al estilo de vida *freelance*, ya sea porque no se ha adaptado a él o bien porque ha logrado sus objetivos y no necesita seguir "cazando" trabajos. La cuestión es que abandona entonces esta carrera y deja tras de sí una reputación regular, para darle oportunidades a quienes realmente hacen bien su trabajo.

Finalmente quisiera referirme al éxito obtenido por los constructores del primer edificio, que en nuestro mundo *freelance* serían los profesionales que demuestran un enorme compromiso con su trabajo y lo llevan a cabo con gran responsabilidad. Ellos son los que acaban teniendo tal cantidad de ofertas de trabajo que se ven forzados a rechazar algunas o bien derivarlas a otros profesionales, con lo cual le abren las puertas a muchos *freelancers* y crean nuevos lazos laborales dentro de su plataforma de trabajo.

Si hacemos una analogía con la historia, esa situación equivale a la multiplicación de edificios por toda la ciudad, sólo que en nuestro caso la ciudad es la plataforma, la constructora eres tú, cada uno de los pisos son los proyectos que completas, y el último resultado es tu beneficio final... por cierto una cadena bastante curiosa ¿no es así?. Pues debes saber que estos mismos principios se aplican a cualquier clase de emprendimiento, ya sea un negocio físico, un negocio online o de otro rubro, porque **todos vivimos la misma experiencia financiera.**

Adáptate al mercado actual

Hoy en día estamos siendo testigos de los profundos cambios producidos en el mercado mundial, en gran parte gracias a las constantes innovaciones que nos ofrece la Red de Redes en lo que respecta al comercio y las finanzas. Es algo cotidiano pero no por ello menos sorprendente el hecho de poder comprar hasta un tornillo a través de Internet, o encargar un pedido en el supermercado y que te lo acerquen a tu domicilio, o bien adquirir grandes maquinarias vía *online* y luego recibirlas en tu oficina u hogar.

Pero si hay algo que te debe quedar bien claro es que estas ventas no se generan solas, quiero decir, el proceso no es realizado íntegramente por una computadora, sino que el factor humano es fundamental para que las transacciones puedan llevarse a cabo exitosamente. Pensemos que estas gigantes plataformas de ventas en línea a su vez generan empleos, ya sean trabajos en oficina o desde la comodidad del hogar. Claro que estos trabajadores no son *freelancers* porque deben cumplir un horario todos los días y cobran un salario fijo, con lo cual la ventaja de no tener que viajar a sus empleos se ve disminuida frente al hecho de que su jornada laboral no les permite realizar actividades extra.

Sin embargo, y esto es lo mejor, esa situación ha provocado que muchos de esos trabajadores quieran aumentar sus ingresos al menos en un diez por ciento, lo que originó que sólo en los Estados Unidos se hayan registrado cerca de cincuenta millones de nuevos *freelancers*, ubicando a ese país al tope del *ranking* de los que poseen más trabajadores dentro de esta modalidad.

Muchos de ellos son contratados por grandes empresas como *Amazon* o *Apple*, debido al gran talento que han demostrado para trabajar al estilo *freelance*, y esto a su vez genera en ciertas plataformas un incremento en el nivel de competencia. Las plataformas más competitivas a nivel internacional son **Freelancer** y **Elance-ODesk**, ambas orientadas específicamente a profesionales de habla inglesa, que registran un tráfico de hasta **treinta mil** proyectos asignados diariamente, lo que equivale a **novecientos mil** proyectos al mes y **diez millones ochocientos mil** proyectos al año. Si bien estas cifras son espectaculares, analizando en detalle vemos que la oferta no alcanza a cubrir la demanda que existe, porque al haber tantas plataformas se terminan cubriendo todos los puestos; por lo que te aseguro que en un año como *freelancer* podrás obtener al menos unos seis trabajos.

Soy plenamente consciente de que al observar estos números tan asombrosos te puede haber surgido algo de inquietud acerca de tus posibilidades de obtener empleo como *freelance* ; pero no desesperes, porque tengo para ofrecerte una serie de pasos basados en las actuales estrategias de mercadeo que te permitirán destacarte entre el montón de postulantes y situarte en el *top cien mil* de las listas (dependiendo de tu plataforma). Como dato quisiera comentarte que mi logro más grande como *freelancer* ha sido quedar en el *top mil* de **Workana,** con lo cual muchos clientes se fijaban en mí e inclusive concertaban conmigo encuentros vía Skype para hacerme entrevistas previas a los trabajos. Quizá pueda sonar como algo menor, pero créeme que no muchos lo consiguen, y obviamente es mucho más reconfortante para nuestra autoestima oír un "estás contratado" que leerlo.

Como te decía anteriormente, al haber alrededor del mundo tanta competencia en el mercado del empleo *freelance,* es muy probable que muchos profesionales realicen una propuesta para el mismo proyecto al que tú te has postulado, e incluso que sus ofertas sean muy similares a la tuya. Entonces la pregunta es: ¿cómo hace el cliente para elegir a un solo profesional cuando recibe tantas propuestas de gran calidad?. Y la respuesta es que eligen al profesional que mejor se adapte a las demandas actuales del mercado, para lo cual te sugiero que tomes como bandera los siguientes tips:

a) Mantente al día con las últimas tendencias

Cada mes aparecen nuevas tendencias en el mercado, por lo que es sumamente importante que estés al día en ello de forma tal que puedas detectarlas antes que nadie y no perderte ni un solo detalle. La idea es siempre poder obtener el mayor beneficio, teniendo en cuenta que tu competencia está allá afuera leyendo e informándose también sobre estas tendencias.

Ya sea que traten acerca de la mejor forma de hacer publicidad mediante Redes Sociales (que se actualiza cada mes), o acerca del nuevo método para crear tiendas online, cuanto más alerta estés con respecto a las novedades, mejores servicios podrás ofrecer a tus clientes y te transformarás cada día en un profesional más completo.

b) Fíjate qué hacen los que están en la cima

Con esto no me refiero a que te debes convertir en un acosador de estas personas, sino simplemente a que prestes mucha atención a sus trabajos, sus fotos de perfil, sus descripciones, sus lemas, etc. Por supuesto que no los copiarás al pie de la letra, pero sí te servirán de orientación acerca de lo que podrías hacer, por eso escríbeles, comunícate con ellos y genera empatía. Piensa que en caso de que estén sobrecargados de trabajo y no puedan cumplir con algún proyecto, seguro lo derivarán a las personas en quienes más confíen, y si tú eres una de esas personas crecerán notablemente tus oportunidades de conseguir ingresos sin esfuerzo alguno.

Ten mucho cuidado de no malinterpretar lo que te acabo de decir y creer que debes tratar con estas personas únicamente con el fin de conseguir más proyectos, porque en ese caso te verán como alguien interesado. En verdad lo importante es que te sientas en confianza con ellos para hablarles, pedirles consejos y, por qué no, forjar una amistad que quizá termine decantando en una sociedad para un proyecto propio a gran escala.

c) Analiza a la competencia

Es de vital importancia saber qué ofrecen tus competidores y qué conocimientos poseen de los que tú puedas aprender para adaptarte rápidamente a las exigencias del cliente, siempre teniendo en mente no faltar a la verdad.

d) Aprende constantemente

Por muy experto que seas en tu área, nunca llegarás a saberlo todo, pero sí puedes intentar adquirir la mayor cantidad de conocimiento posible en función del tiempo del que dispongas. Como emprendedor, trata de innovar, aprender nuevas metodologías y nuevos procesos. Como *freelancer*, fórmate en tu área, busca siempre distintas maneras de trabajar, aprende nuevas técnicas y apuesta siempre a mejorar. Una buena forma de poner esto en práctica es dedicar unos cuantos minutos de tu día a leer noticias y artículos sobre tu especialidad. En fin, **cualquier aprendizaje por pequeño que sea puede marcar la diferencia**, así que nunca dejes de aprender, y seguirás estando en la cima.

e) No te conformes sólo con tus contratos

No hay nada de malo en que te dediques a ser *freelancer*, pero déjame darte un consejo personal: SIEMPRE ve en busca del éxito y procura encontrar la forma de generar ganancias mediante tu talento, porque si bien como hemos visto este método de trabajo te puede otorgar grandes beneficios, también es cierto que muchas veces debes tener una enorme paciencia hasta que obtienes tu primer contrato. Esto es causal de que muchos de los que se inician en este maravilloso camino finalmente lo abandonan por la mitad.

Por eso mi recomendación es que no te quedes quieto y busques por todos los medios generar experiencia y adquirir saberes que te sean útiles para poder emprender tu propio proyecto, ya sea en forma individual o en conjunto con algún colega de tu especialidad.

Te daré una serie de ejemplos para que entiendas aún mejor esta idea que intento transmitirte. Supongamos que tú eres sumamente talentoso para el diseño gráfico; entonces, ¿por qué no creas un catálogo de diseños y lo colocas en alguna web de venta de imágenes, como ser las múltiples plataformas de venta de franelas originales hechas por diseñadores?. Otras opciones serían crear tu marca de ropa personalizada o pintar cuadros para vender en tu lugar de residencia.

¿Logras ver la importancia que tiene tu experiencia?. Lo mismo sucede con traductores, *bloggers*, asesores de marketing, publicistas, guionistas, programadores y muchos otros profesionales que circulan por la Web. Por eso te aconsejo que tengas en mente un proyecto que sea sólo tuyo y pueda generarte ganancias en un futuro. Esto no implica que no puedas contratar si lo deseas a otro profesional que pueda ayudarte a llevar ese proyecto a buen puerto, con lo cual estarás brindando oportunidades a aquellos que recién comienzan a transitar por este intrincado pero a la vez apasionante sendero.

Recuerda mantenerte constantemente sediento de nuevos conocimientos y de ideas, ya que muchas de las grandes empresas que en la actualidad dominan el 80% del comercio mundial, como *Microsoft*, *Apple* o *Amazon* en algún momento caerán, y allí quedará un vacío que deberá ser ocupado por otras corporaciones, tal como indica la lógica del mercado.

En ese contexto, imagínate qué maravilloso sería si una idea tuya pudiera contribuir a generar nuevas oportunidades de éxito tanto para ti como para otros… suena muy bien, ¿verdad?. Pues bien, entonces registra cada buena idea que te surja e intenta llevarla a la práctica, y si necesitas asistencia no dudes en pedirla, pero ante todo no desistas, porque recuerda que tu futuro puede cambiar por completo si eres perseverante.

Conclusiones

A lo largo de esta obra te he ofrecido una amplia variedad de *tips* para que logres el mejor desempeño posible en tu carrera como **freelancer**, que como ya he dicho anteriormente, representa un portal de acceso a un mundo nuevo y lleno de conocimientos, donde lo intelectual se transforma en algo cotidiano, y donde todos tus sueños pueden hacerse realidad si te esfuerzas lo suficiente.

Ten presente que no existe trabajo en este mundo que no pueda realizarse; lo único que se necesita es a la persona adecuada para hacerlo, y esa persona puedes ser tú. Quizá seas quien descubra el próximo gran adelanto tecnológico por medio de un grandioso invento que una a todas las sociedades, o bien tu nombre puede quedar grabado para siempre en la memoria colectiva. Toma el ejemplo del ya fallecido Steve Jobs, quien no sólo pasó a la historia como fundador del gigante tecnológico *Apple,* sino que además contribuyó a la formación de una nueva cultura *geek*[4], que lo recordará eternamente por su genialidad.

Todos venimos a este mundo para dejar una huella en la humanidad; en algunos casos esa huella será pequeña, en otros muy

---

[4] El término se utiliza para referirse a aquellas personas fascinadas por todo lo relativo a tecnología y la informática. Fuente: Wikipedia (http://es.wikipedia.org/wiki/Geek).

grande, pero en definitiva todos dejamos impresa alguna marca de nuestro paso por la vida, ya sea en los enormes sitiales de la historia o en la memoria de nuestros seres queridos.

Pero como todo lo que termina debe primero haber comenzado, hoy te invito a que te sumes a una gran comunidad de personas que trabajan individual y colectivamente con el objetivo de imprimir sus huellas en la sociedad.

Recuerda que en este camino que has escogido todo conforma un ciclo, y será gracias a ti que ese ciclo se plasmará en algo real, ya sea construyendo una tienda online, o ideando el diseño que será tendencia a nivel global, lo fundamental es que tú también dejarás tu propia inscripción en los muros del conocimiento.

Y es así como vamos llegando al final de esta obra, que para ti no es más que el inicio de una nueva vida llena de riqueza monetaria y personal, que combinadas te garantizarán el tan anhelado éxito como profesional *freelancer*.

¡¡¡Éxitos!!!

Nota de agradecimiento

Mi estimado amigo lector, con estas últimas palabras quiero despedirme y darle cordialmente las gracias por haber leído mi obra completa. Le anexaré alguno enlaces abajo hacia las páginas web de las que tanto hemos hablado, las cuales han sido Workana y Elance-ODesk, igualmente, le anexo el link de nuestro portal, si le ha gustado mi libro suscríbase al boletín que hemos incluido en la página, dónde se pondrá al día de cualquier novedad. Nuevamente, muchísimas gracias por haber leído mi obra.

David Bracho

Workana:

Elance-ODesk:

Autor:

www.ingramcontent.com/pod-product-compliance
Lightning Source LLC
Chambersburg PA
CBHW070905180526
45168CB00005B/1937